Überzeugen im Vorstellungsgespräch
Uta Rohrschneider
Michael Lorenz

Uta Rohrschneider
Michael Lorenz

Überzeugen im Vorstellungsgespräch

Gezielt vorbereiten, erfolgreich auftreten

Copyright © 2014 Uta Rohrschneider, Michael Lorenz, Autoren
Kontakt: info@grow-up.de
www.grow-up.de

1. Auflage 2014

ISBN-13: 978-1495296987
ISBN-10: 1495296989

Alle Rechte, insbesondere das Recht der Vervielfältigung und Verbreitung sowie der Übersetzung liegen bei den Autoren. Kein Teil des Werkes darf in irgendeiner Form (durch Fotokopie, Mikrofilm oder ein anderes Verfahren) ohne schriftliche Genehmigung des Verlages reproduziert werden oder unter Verwendung elektronischer Systeme verarbeitet, vervielfältigt oder verbreitet werden.

Inhaltsverzeichnis

Vorwort	**7**
1. Wie kann ich mich auf meine Vorstellungsgespräche vorbereiten?	**8**
Was gehört alles zu einer guten Vorbereitung?	8
Mit Fähigkeiten, Stärken und Kompetenzen überzeugen	12
Bilanz ziehen: Meine Stärken und Schwächen	19
Gespräch mit Freunden: Wie sehen mich andere?	23
Welchen Nutzen kann ich einem Unternehmen mit meinen Kompetenzen bieten?	32
Was ist der Bedarf des Arbeitgebers?	34
Passen meine Kompetenzen zur Zielposition?	41
Welche Informationen brauche ich von dem Unternehmen?	54
Wo bekomme ich die gewünschten Informationen zum Unternehmen her?	58
2. Was muss ich für das Gespräch selbst vorbereiten?	**63**
Was sollte ich bei der Zeit- und Reiseplanung beachten?	63
„Wer zu spät kommt, den bestraft das Leben"	66
Wie Sie Ihre Route planen	68
Kleider machen Leute: Was ziehe ich an?	69
Welche Unterlagen brauche ich für mein Vorstellungsgespräch?	75
3. Welche Informationen sollte ich im Gespräch erfragen?	**78**
Meine Erwartungen, Wünsche und Ziele für die neue Position	80
Welche Fragen sind noch offen?	85
4. Wie ist die Struktur eines Vorstellungsgesprächs?	**89**
Die typischen Phasen eines Vorstellungsgesprächs	91
Phase 1: Kontaktphase und Warm-up	92
Nonverbales Verhalten	100
Phase 2: Kurzvorstellung des Unternehmens	103
Phase 3: Selbstvorstellung des Bewerbers	105
Phase 4: Vertiefende Fragen	110
Phase 5: Detaillierte Darstellung von Zielposition und Unternehmen	117
Phase 6: Ihre Fragen an das Unternehmen	119
Phase 7: Information zum Beschäftigungsvertrag	120
Phase 8: Gesprächsabschluss	122
5. Wie kann ich die Meinungsbildung meines Gegenübers beeinflussen?	**124**
Wenn Erwartungen enttäuscht werden	128
Wie Ähnlichkeiten wirken	130
Der letzte Eindruck	131
Wie Sie Sympathie erzeugen	132
6. Wie verhalte ich mich im Vorstellungsgespräch?	**135**
Das richtige Auftreten und Verhalten im Gespräch	140
Muss ich auf alle Fragen antworten?	142

Wie kann ich nonverbal Akzente setzen?	147
Wie viel Aktivität und Dynamik soll ich zeigen?	157
Wie kann ich ruhiger werden?	160
Muss ich noch mehr beachten?	162
Fragen verschaffen Ihnen Informationen	163
Wie trainiere ich Gesprächskompetenzen?	167
7. Die erste Hürde ist genommen. Was nun?	**174**
Was ist wichtig, wenn ich zu einem zweiten Gespräch eingeladen werde?	177
Wie kann ich meine Entscheidung für einen neuen Arbeitgeber absichern?	178
Wie gehe ich bei Gehalts- und Vertragsverhandlungen vor?	184
Was umfasst der Arbeitsvertrag?	190
8. Was empfehlen Profis aus der Personalberatung?	**194**
Personalberater geben Ihnen Tipps	194
Checklisten Online - Praktisch und bequem	213
Die Autoren	**216**

Vorwort

Berufliche Veränderungen oder Neuorientierungen sind spannende Phasen im Leben. Sie stecken voller Chancen, die Sie ergreifen können, wenn Sie den Prozess von Anfang an aktiv gestalten. Wenn Sie unfreiwillig in die Situation gekommen sind, sich eine neue Stelle suchen zu müssen, finden Sie diese Zeit vielleicht gerade nicht so spannend, sondern eher bedrohlich oder verunsichernd. Auch das stimmt natürlich. Trotzdem sollten Sie die Chance ergreifen, die sich Ihnen bietet.

Den ersten Schritt haben Sie schon erfolgreich gemeistert. Sie haben Bewerbungen geschrieben und eine Einladung zum Vorstellungsgespräch liegt vor Ihnen auf dem Tisch. Herzlichen Glückwunsch! Beim einladenden Unternehmen haben Sie einen positiven Eindruck erweckt. Man will sie näher kennen lernen.

Jetzt heißt es, die Weichen weiterhin auf Erfolg zu stellen und sich gründlich auf das Gespräch vorzubereiten, um Ihr Ziel, eine neue, für Sie passende Position finden, zu erreichen.

Eine hundertprozentige Sicherheit für Vorstellungsgespräche gibt es natürlich nicht. Dafür gibt es zu viele Variablen, die Sie nicht beeinflussen können. So kennen Sie Ihren Gesprächspartner im Vorfeld nicht. Er oder sie kann Ihnen ähnlich sein oder auch ganz anders. Doch die Person beeinflusst mit ihrer Persönlichkeit und ihrem Verhalten das Gespräch. Das Gespräch bleibt also immer unvorhersagbar. Was Sie beeinflussen können, ist Ihre Flexibilität, Ihre Überzeugungskraft, Ihre Argumentationsfähigkeit und Ihr Auftreten. Mit einer guten Vorbereitung werden Sie verschiedene Gesprächspartner für sich gewinnen können.

Wie Sie aktiv Ihren eigenen Erfolg gestalten können, zeigen wir Ihnen in diesem Buch. Mit vielen Tipps, Checklisten und Anregungen für eine umfassende Vorbereitung auf Ihre Vorstellungsgespräche sind Sie gut gewappnet.

Für die Unterstützung bei der Erstellung der umfangreichen Unterlagen für dieses Buch geht unser besonderer Dank u.a. an unsere Mitarbeiterin Ilona Haselbach.

1. Wie kann ich mich auf meine Vorstellungsgespräche vorbereiten?

> **Beispiel:**
> **Über sich selbst Bescheid wissen**
> Ingo M. ist zu einem Bewerbungsgespräch eingeladen. Endlich! Doch er hat schon viel darüber gehört, welche unangenehmen Fragen einen erwarten können. Deshalb möchte er sich auf das wichtige Gespräch gut vorbereiten.

Wenn wir Ihre schriftliche Bewerbung als erste Arbeitsprobe verstehen, ist Ihr Vorstellungsgespräch Ihr erstes Arbeitsgespräch beim potenziellen Arbeitgeber. Im Gegensatz zu normalen Arbeitsgesprächen stellt es allerdings erhöhte Anforderungen an Sie: Sie kennen Ihre Gesprächspartner nicht und Sie wollen erfolgreich sein. Beides erzeugt Stress und wird mehr oder weniger belastend erlebt. Den Stress können Sie umso mehr reduzieren, je besser Sie sich auf die Gespräche vorbereiten. Mit einer guten Vorbereitung werden Sie fachlich und persönlich von sich überzeugen.

Was gehört alles zu einer guten Vorbereitung?

Alle Personalauswahlverfahren dienen der Klärung der Fragen: Passt dieser Bewerber

- zu der Aufgabe? Erfüllt er die fachlichen und zwischenmenschlichen Anforderungen?

- zu unserem Team? Sind ihm ähnliche Dinge wichtig wie uns? Kann er sich integrieren?

- zu unserem Unternehmen und in unsere Kultur?

Mit Ihren schriftlichen Unterlagen haben Sie den Eindruck vermittelt, dass alle oben gestellten Fragen positiv bewertet werden können. Jetzt sind Sie gefordert, diesen Eindruck persönlich zu untermauern.

> **Experten-Tipp:**
> **Personalauswahlentscheidungen sind nicht einseitig**
>
> Bedenken Sie, dass auch Sie nach dem Gespräch die Fragen für sich beantworten müssen:
>
> Passt diese Aufgabe zu meinen fachlichen und zwischenmenschlichen Kompetenzen?
>
> Passt dieses Team zu mir, meinen Werten und Vorlieben? Werde ich mich integrieren können?

Das Vorstellungsgespräch als Verkaufsgespräch

Das Vorstellungsgespräch als Verkaufsgespräch zu sehen ist vielleicht ein komischer Gedanke. Aber ist es wirklich so etwas anderes? Wie bei jeder Kaufentscheidung will der Käufer (der Personalentscheider) wissen, was er davon hat, dieses Produkt (Sie als Mitarbeiterin bzw. Mitarbeiter) zu kaufen. Er will das Einkaufsgut kennen lernen, Informationen sammeln und das Gefühl gewinnen, die richtige Entscheidung zu treffen. Wie Sie es selbst vor wichtigen Kaufentscheidungen ja auch tun, schaut er sich ein paar Alternativen an, um die richtige Entscheidung zu treffen. Vor dem Hintergrund dieses Vergleichs sind Ihre Vorstellungsgespräche Verkaufsgespräche, in denen Sie sich selbst erfolgreich verkaufen müssen.

Eine gemeinsame Entscheidung zum bestmöglichen gegenseitigen Nutzen ist und muss das Ziel eines Vorstellungsgesprächs sein. Das Kennenlernen der gegenseitigen Erwartungen und Angebote sollte im Vordergrund stehen und den Gesprächsverlauf bestimmen.

Für den Arbeitgeber bedeutet eine Fehlentscheidung am Ende immer hohe Kosten, Verlust von Kompetenz und Wissen sowie verschiedenste Verluste durch unterbrochene oder gestörte Abläufe im Unternehmen.

Für Sie als Bewerber/in kann eine Fehlentscheidung existenzielle Folgen haben, wenn Sie z.B. aus einem gesicherten Arbeitsverhältnis und Umfeld wechseln und noch während der Probezeit mit einem notwendigen weiteren Stellenwechsel konfrontiert werden.

Für beide Seiten steht die Informationssuche und -gewinnung im Vordergrund. Es geht um die Informationen auf folgender Checkliste:

Checkliste: Informationen

Was	ja	nein
Passen die Anforderungen der in Frage stehenden Position zu meinen Qualifikationen und Kompetenzen?		
Entsprechen die Entwicklungsmöglichkeiten, Unternehmens- und Führungskultur, Verantwortungs- und Einflussbereiche, Arbeitszeiten, Stellung des Unternehmens am Markt etc. meinen Vorstellungen?		
Besteht eine Übereinstimmung meiner persönlichen Ziele mit den Zielen des Unternehmens?		

Eine letztendliche Sicherheit werden Sie nicht erreichen können, ebenso wenig wie Ihr Gegenüber dies in Bezug auf Ihre Person und Persönlichkeit kann.

Wenn wir Ihre Vorstellungsgespräche als Verkaufsgespräche in eigener Sache betrachten, heißt das, Ihre Gespräche werden umso erfolgreicher werden, je besser Sie sich darauf vorbereiten. Mit einer soliden Vorbereitung erreichen Sie, dass Sie

– bewusst die Verantwortung für Ihre berufliche Zukunft übernehmen,

– im Gespräch nicht nur reagieren, sondern selbst agieren können,

– Ihre Stärken (und auch Schwächen) kennen und überzeugend darstellen können,

– sich selbst erfolgreich als Person und Mitarbeiter präsentieren können,

- wissen, welche Informationen Sie zur Einschätzung der Position noch erfragen müssen,

- wissen, was Sie wollen und was Ihnen für Ihre zukünftige Position wichtig ist.

Die nachfolgende Checkliste gibt Ihnen einen Überblick darüber, was zu Ihrer Vorbereitung gehört und mit welchen Fragen Sie sich rechtzeitig auseinander setzen sollten. Wenn Sie vor einem Gespräch alle Punkte mit Ja beantworten können, sind Sie gut gewappnet für Ihr Gespräch.

Checkliste: To-Dos zur Gesprächsvorbereitung

Was	Bemerkung
Selbsteinschätzung: Auseinandersetzung mit den eigenen Stärken und Schwächen: „Wer bin ich und was kann ich?"	
Ziele und Erwartungen: „Was will ich?"	
Verkaufsargumente: „Was habe ich einem neuen Arbeitgeber zu bieten?" „Welchen Nutzen hat das Unternehmen von meiner Mitarbeit?"	
Kenntnisse über das Unternehmen, bei dem ich mich vorstelle	
Fragen zum Unternehmen als potenzieller neuer Arbeitgeber und zu der zu besetzenden Position	
Organisatorische Aspekte (Zeitplanung, Kleidung etc.)	

Mit Fähigkeiten, Stärken und Kompetenzen überzeugen

Nur der Verkäufer, der sein Produkt gut kennt, der weiß, welchen Nutzen der Kunde davon haben kann, wird im Gespräch überzeugen können. Für Ihr Vorstellungsgespräch ist das nicht anders: Nur wenn Sie wissen, was Sie einem Arbeitgeber zu bieten haben, können Sie sich selbst überzeugend präsentieren.

Mal ganz ehrlich: Können Sie jetzt auf Anhieb ausführen, welchen Nutzen ein Unternehmen hat, wenn es gerade Sie einstellt? Welche Fähigkeiten Sie haben, was Ihre besonderen Kompetenzen sind und wodurch Sie sich von anderen Bewerbern mit vergleichbaren fachlichen Qualifikationen unterscheiden?

- Falls ja: Herzlichen Glückwunsch! Wenn Sie es jetzt noch schaffen, Ihre Vorteile überzeugend darzustellen, sind Sie dem Vertragsabschluss ein deutliches Stück näher.
- Falls nein: kein Problem! Am Ende dieses Kapitels werden Sie ein sehr klares Bild Ihrer Kompetenzen und Fähigkeiten haben.

Warum eine Selbsteinschätzung?

Stellen Sie sich einmal folgende Situation vor: Sie wollen ein neues Produkt verkaufen. Ihre Kunden kennen es noch nicht. Was werden Sie tun, bevor Sie zu einem potenziellen Käufer gehen, um ihm Ihr Produkt zu verkaufen? Sie werden sich hinsetzen und sich über alle Merkmale, Vorteile, kritischen Aspekte und über den Nutzen, den dieses Produkt dem Käufer bietet, informieren. Sie werden sich Ihre Argumentation für das Gespräch erarbeiten. Sie werden Produkteigenschaften vielleicht auswendig lernen oder so notieren, dass Sie sich immer wieder ganz schnell einen Überblick verschaffen können. Ihr Ziel wird sein, in Ihrer Argumentation spontan und flexibel agieren zu können, je nachdem, welche Anforderungen Ihr Gegenüber an das Produkt formuliert. Sie wollen es von seiner besten Seite präsentieren, um den anderen davon zu überzeugen, dass er mit dem Kauf eine gute Entscheidung trifft.

Das gleiche Ziel wie in der oben beschriebenen Situation verfolgen Sie in Ihren Vorstellungsgesprächen. Sie wollen sich von Ihrer besten Seite präsentieren, Ihrem Gegenüber aufzeigen, wo Ihre besonderen Stärken und Vorzüge als Mitarbeiterin bzw. Mitarbeiter liegen und welchen Nutzen er hat, wenn er Sie einstellt. Sie wollen erreichen, dass Sie die ausgeschriebene Position bekommen.

> **Experten-Tipp:**
> **Notieren Sie sich Ihre Argumente**
>
> Tun Sie sich selbst und Ihrem Gedächtnis einen Gefallen und notieren Sie Ihre Gedanken und Ideen. Wie schnell gehen uns gute Ideen und Fragen verloren, weil wir sie nicht aufgeschrieben haben. Ihre Energien können Sie effizienter nutzen, als darüber nachzudenken, was Sie sich unbedingt merken wollten.

Am besten legen Sie sich einen Ordner an, in dem Sie ab jetzt alles, was etwas mit Ihren Bewerbungen zu tun hat, sammeln und notieren. „Alles" heißt, dass Sie für jedes Unternehmen, bei dem Sie sich bewerben, ein Register anlegen, in das Sie

- eine Kopie der Bewerbung,

- allen Schriftverkehr mit dem Unternehmen,

- Notizen zu geführten Telefongesprächen,

- sonstige Notizen zu Informationen, Ideen, Dingen, die Sie nicht vergessen wollen,

- Checklisten etc.

aus Ihrer Vorbereitung ablegen.

Auf den nächsten Seiten führen wir Sie in verschiedenen Schritten durch die Selbsteinschätzung. Je mehr der angebotenen Schritte Sie nachvollziehen, desto tiefer und umfassender ist Ihre Selbsteinschätzung, Ihr Wissen um Ihre individuellen Stärken, aber auch Schwächen. Sie gewinnen an Selbstsicherheit und Argumentationskompetenz für Ihre Vorstellungsgespräche.

> **Experten-Tipp:**
> **Persönlichkeit überzeugt**
>
> Wenn Sie Personalleiter fragen, worauf sie bei der Auswahl zukünftiger Mitarbeiter besonderen Wert legen, werden Sie häufig auf die Aussage treffen: „Wichtiger als gute Noten ist uns, dass ein Bewerber authentisch deutlich machen kann, dass er mit seiner Persönlichkeit zu unserem Unternehmen passt und über soziale Kompetenzen verfügt".

Ziele Ihrer Selbsteinschätzung

Durch Selbsteinschätzung gewinnen Sie Klarheit über eigene Stärken, Schwächen, Interessen, Wünsche, Ziele und Erwartungen. Am Ende Ihrer Vorbereitung können Sie folgende Fragen spielend beantworten:

- Welche Stärken habe ich?
- Welche Schwächen habe ich?
- Wie kann ich diese Schwächen beheben?
- Wie beschreibe ich mich selbst?
- Welche Interessen habe ich?
- Welche Werte haben für mich eine besondere Bedeutung?
- Welche persönlichen Ziele habe ich?
- Welche beruflichen Ziele habe ich?
- Was bin ich bereit, dafür zu tun?
- Welche Erwartungen habe ich an einen neuen Arbeitgeber?

Für Ihre Selbsteinschätzung bieten wir Ihnen verschiedene Schritte, die Sie unterstützen:

- Anlegen und Nutzen einer Sammelmappe,
- Aufstellung Ihrer grundlegenden personenbezogenen Daten und Ihrer Werdegangsdaten,
- persönliches Brainstorming,
- Gespräche mit Freunden oder Partnern,
- Selbstbefragung mit der Checkliste,
- Vorbereiten Ihrer Nutzenargumentation,
- Erstellen eines individuellen Kompetenzprofils,
- Herausarbeiten der Positionsanforderungen und Herausstellen Ihrer positionsrelevanten Fähigkeiten,
- Auseinandersetzung mit Ihren Zielen und Erwartungen für eine neue Position,
- Vorbereiten Ihrer Fragen an das Unternehmen.

Anlegen und Nutzen einer Sammelmappe

Im Vorstellungsgespräch geht es zum einen darum, die eigenen Stärken und Schwächen zu kennen, zum anderen darum zu begründen, warum dies Ihre Stärken/ Schwächen sind. Sie sollten Beispiele geben können, wie und wann Sie dieses Verhalten unter Beweis stellen konnten und was das Ergebnis Ihres Handelns war.

Sicherlich kennen Sie das Phänomen: Wenn wir uns intensiv mit etwas auseinandersetzen - so wie Sie jetzt mit Ihren Vorstellungsgesprächen -, fällt uns plötzlich etwas ein, z.B., dass wir im letzten Projekt Budget- und Zeitplanung unterschritten haben. Oder es fällt uns ein Ereignis aus der Vergangenheit ein. Ein Ereignis, bei dem wir z.B. beweisen konnten, dass wir sehr überzeugend argumentieren können und einen neuen Kunden gewonnen haben. Sie freuen sich und wollen diesen Gedanken in Ihr Vorstellungsgespräch einbringen. Aber plötzlich, vielleicht zwei Stunden später, können Sie sich nicht mehr daran erinnern. Auch an die Frage, die Sie gestern noch unbedingt stellen wollten, können Sie sich heute partout nicht mehr erinnern – ärgerlich.

Dieses Ärgernis können Sie sich ersparen. Nutzen Sie den Moment des „Einfalls", um sich Ihre Gedanken und Ideen zu notieren. Notiert und abgelegt in Ihrer Sammelmappe gehen sie Ihnen nicht mehr verloren.

Personenbezogene und Werdegangsdaten

Natürlich kennen wir alle unseren bisherigen Werdegang und wissen, wann was war. Außerdem haben Sie ja gerade Ihren Lebenslauf verfasst. Dabei mussten Sie sich auch alles noch einmal durch den Kopf gehen lassen.

Aber mal ganz ehrlich, haben Sie alle wichtigen Daten im Kopf? Wirklich sicher zu wissen, wann was war, gelingt vielleicht, wenn Sie gerade die Schule verlassen haben und einen Ausbildungsplatz suchen. Und selbst, wenn der Lebenslauf noch recht kurz und übersichtlich ist, kann manch ein Datum schon schwer zu erinnern sein: Wann war der Austauschschüler aus Frankreich genau da?

Es ist in jedem Fall hilfreich, sich in einem allerersten Schritt Klarheit über die wesentlichen Werdegangsdaten zu verschaffen. Sie bilden den Ausgangspunkt für alle weiteren Überlegungen.

Welche Daten für Ihre Bewerbung relevant sind, ist abhängig davon, wo Sie zurzeit beruflich stehen. Haben Sie schon mehrere Jahre Berufserfahrung, ist Ihre Schulzeit nicht mehr von großem Interesse. Bewerben Sie sich gerade um einen Ausbildungsplatz, sollten Sie von dieser Zeit möglichst viele Detailinformationen sammeln. Die folgende Checkliste, soll Ihnen helfen, an alles Wesentliche zu denken.

Checkliste: Personenbezogene und Werdegangsdaten

Aktivität	Zeitraum	Anmerkungen zu Ergebnissen, Leistungen, Noten, Besonderheiten
Schulbildung		
Besondere Aufgaben/ Leistungen während der Schulzeit		
Höchster allgemein bildender Schulabschluss		
Jobs während der Schulzeit (Ferien, zur Aushilfe)		
Praktika während der Schulzeit		
Berufsausbildung		
Besondere Aufgaben/ Leistungen während der Ausbildung		
Höchster Ausbildungsabschluss		
Studium		
Besondere Aufgaben/ Leistungen während des Studiums		
Höchster Studienabschluss		
Praktika während des Studiums		

Jobs während des Studiums (Semesterferien, zur Aushilfe, nebenbei, zur Studienfinanzierung)		
Berufstätigkeit		
Besondere Aufgaben/ Leistungen während der Berufstätigkeit		
Zusatzausbildungen/ Zusatzqualifikationen		
Sprachkenntnisse		
Auslandsaufenthalte (Schulzeit, Studienzeit, Berufstätigkeit)		
EDV-Kenntnisse		
Sonstige besondere Kenntnisse		
Hobbys/Freizeitaktivitäten		

Wenn Sie dieses Datenblatt ausfüllen, gehen Sie möglichst differenziert vor. Geben Sie sich nicht damit zufrieden zu notieren, dass Sie während des Studiums ein Praktikum gemacht haben. Viel wertvoller ist es für Sie, wenn Sie sich vergegenwärtigen,

- was Ihre konkreten Aufgaben waren,

- welche Verantwortung Sie übernehmen durften,

- welche Arbeitsergebnisse Sie erreicht haben,

- mit wem Sie wie zusammengearbeitet haben und

- was Sie für sich gelernt haben.

Auf diese Art und Weise bereiten Sie sich darauf vor, überzeugend zu argumentieren.

> **Praxis-Beispiel:**
> **Überzeugende Argumentation**
>
> „Während meines Praktikums bei der Z-Z-GmbH hatte ich Gelegenheit, eine Kundenpräsentation vorzubereiten und zu begleiten. Dadurch konnte ich, unterstützt durch meinen Mentor, lernen, wie sehr man sich mit den Zielen der Kunden auseinander setzen muss, um die richtigen Worte zu finden. Das war mir vorher nicht so klar. Ich denke, diese Erfahrung wird sich auf meine zukünftigen Projekte positiv auswirken."

Auf die jetzt von Ihnen erarbeiteten Daten werden wir an anderer Stelle noch einmal zurückgreifen. Sie sind wichtig für den Abgleich zwischen Position und Arbeitnehmerangebot.

Bilanz ziehen: Meine Stärken und Schwächen

Der Wechsel der Position und des Arbeitgebers ist eine gute Gelegenheit, einmal Bilanz zu ziehen und sich zu fragen: Was kann ich eigentlich richtig gut und wo kann ich noch besser werden? Wenn es um fachliche Aspekte geht, ist diese Bilanz in der Regel relativ einfach. Schwieriger wird es, wenn es um die zwischenmenschlichen Kompetenzen geht.

Nehmen Sie sich eine kleine Auszeit für Ihre persönliche Bilanz. Es lohnt sich. Schreiben Sie alles auf, was Ihnen zu den Fragen, aber auch darüber hinaus einfällt. Im ersten Schritt sollten sie erst einmal sammeln, ohne gleich zu werten. Für die Bewertung Ihrer Stärken haben wir Ihnen eine andere Checkliste weiter unten vorbereitet.

Checkliste: Wo liegen meine Stärken?

Was kann ich gut?	
Was schätze ich selbst an mir?	
Welche Aufgaben übernehme ich besonders gerne?	
Warum erledige ich diese Aufgaben gerne?	
Was sind meine beruflichen Erfolge?	
Was schätzen meine Kollegen/ Mitarbeiter/ Vorgesetzten an mir?	
Welche Rückmeldungen habe ich bisher erhalten?	
Was schätzen meine Freunde an mir?	
Welche wichtigen Erfahrungen konnte ich bisher sammeln?	
Was sind meine fachlichen Qualifikationen?	
Welche besonderen Verhaltenskompetenzen habe ich?	

Nachdem Sie alle Aspekte, die Ihnen aufgefallen sind, gesammelt haben, geht es im nächsten Schritt um eine selbstkritische Bewertung. Fragen Sie sich dabei:

- Kann ich das wirklich?

- Wann/Wobei konnte ich zeigen, dass ich das kann?

- Wie gut kann ich es? (Wertung z.B. auf einer Skala von 1 - sehr gut - bis 6 - weniger gut)

Checkliste: Wie bewerte ich meine Stärken?

Stärke	Wann/Wobei konnte ich zeigen, dass ich das kann?	Wie gut kann ich es?
		1 2 3 4 5 6
		1 2 3 4 5 6

Das kann ich nicht so gut: Meine Schwächen

Ihre Leistungspotenziale sind Ihre Verkaufsargumente. Sie bilden die Grundlage Ihrer Überzeugungsstrategie. Ihnen und jedem Personalentscheider ist klar, dass Sie neben Stärken auch über schwächere Kompetenzbereiche verfügen. Seien Sie ehrlich: Eine kritische Selbstanalyse ist ohne die Betrachtung der Bereiche, die Sie selbst als Schwächen ansehen, unvollständig.

> **Experten-Tipp:**
> **Bereiten Sie sich gut vor**
>
> Die Frage: „Wo sehen Sie Ihre Schwächen?" oder: „In welchen Bereichen würden Sie Ihre Kompetenzen gerne erweitern?" wird im Vorstellungsgespräch häufig in einem Atemzug mit der Frage nach Ihren Stärken gestellt. Bereiten Sie sich darauf vor.

Für eine realistische Analyse der Bereiche, in denen Ihnen Kompetenzen fehlen oder Sie Ihre Kompetenzen schwächer einschätzen, gehen Sie entsprechend der Analyse Ihrer Stärken vor:

Im ersten Schritt sammeln Sie anhand der nachfolgenden Fragen Bereiche, in denen Sie nicht so stark sind, im zweiten Schritt gehen sie noch einmal in die selbstkritische Bewertung anhand der unten aufgeführten Checkliste durch.

Checkliste: Wo liegen meine Schwächen?

Was kann ich nicht gut?	
Welche Aufgaben mache ich nur ungern oder widerwillig? Warum erledige ich diese Aufgaben so ungern?	
Was sind meine beruflichen Misserfolge?	
Was mögen meine Kollegen/ Mitarbeiter/ Vorgesetzten nicht an mir?	
Welche Rückmeldungen habe ich bisher erhalten?	
Welche Verhaltenskompetenzen hätte ich gerne?	
Was mögen meine Freunde nicht an mir?	
Wann fehlt mir diese Kompetenz?	
Was wünsche ich mir manchmal zu können?	

Im zweiten Schritt gehen Sie jetzt noch einmal an die differenziertere Bewertung:

- Kann ich das wirklich nicht?

- Warum bin ich in diesem Bereich nicht so gut?

- Wie wenig kann ich es? (Wertung z.B. auf einer Skala von 1- sehr gut bis 6 - weniger gut)

Checkliste: Wie bewerte ich meine Schwächen?

Schwäche	Kann ich das wirklich nicht?	Warum bin ich in diesem Bereich nicht so gut?	Wie wenig kann ich es?
			1 2 3 4 5 6
			1 2 3 4 5 6

Ihre Schwächenanalyse gibt Ihnen wichtige Anhaltspunkte dazu, in welchen Bereichen Sie Ihre Kompetenzen in Eigenverantwortung erweitern können, um Ihre beruflichen Ziele zu erreichen.

Für die von Ihnen erarbeiteten Entwicklungsbereiche sollten Sie sich also auch fragen:

- Wie bedeutsam ist diese Kompetenz für meinen beruflichen Erfolg?

- Wie bedeutsam ist diese Kompetenz für meine weitere berufliche Entwicklung (z.B. nächste Hierarchieebene)?

- Was kann ich tun, um meine Kompetenzen in diesem Bereich zu erweitern?

Gespräch mit Freunden: Wie sehen mich andere?

Im Vorstellungsgespräch werden Sie mit hoher Wahrscheinlichkeit gefragt, was Ihre Stärken und Schwächen sind. Aus Ihrer Perspektive können Sie diese Frage jetzt auch schon beantworten. Nutzen Sie jedoch die Chance, auch einmal Freunde zu fragen, wo und wie sie Ihre Stärken und Ihre Leistungsfähigkeit, aber auch Ihre Schwächen sehen.

Mit guten Freunden geht das. Wenn Sie diese Frage stellen, sollten Sie einfach mal neugierig hinhören und aufnehmen, was andere Ihnen über Sie verraten. Fangen Sie nicht an zu diskutieren, wenn einer etwas sagt, was Sie nicht so schätzen. Sie haben mehr davon, wenn Sie prüfen, was an der Aussage dran ist und wie weit sie sich mit Ihrer Selbsteinschätzung deckt. Fragen Sie Ihre Freunde, wie sie zu dieser und jener Einschätzung kommen, in welchen Situationen sie diese Kompetenzen, dieses Verhalten bei Ihnen erlebt haben. Nehmen Sie die wichtigsten Aussagen in Ihre Sammelmappe auf. Vielleicht können Sie besonders gute Freunde dafür gewinnen, die Checkliste „Fragen zur Selbsteinschätzung" aus ihrer Sicht für Sie zu beantworten.

Besonders die Bereiche, in denen Ihre eigene Einschätzung von der Ihrer Freunde abweicht, sollten Sie noch einmal kritisch betrachten.

Checkliste: Unterschiede Selbst-/Fremdeinschätzung

Wo bestehen Unterschiede in der Kompetenzeinschätzung?	
Wo schätzen meine Freunde meine Kompetenzen stärker ein als ich selbst?	
Wo schätzen meine Freunde meine Kompetenzen schwächer ein als ich selbst?	
Wodurch kommen die unterschiedlichen Einschätzungen zustande?	
Mit welchen Rückmeldungen bin ich überhaupt nicht einverstanden?	
Warum ist das so?	
Bei welchen Rückmeldungen die mir nicht so gut gefallen, können meine Freunde mir auf den zweiten Blick Recht geben?	

Welche Aspekte sind neu für mich?	
Welche Aspekte habe ich bei meiner Selbsteinschätzung gar nicht betrachtet?	

Selbstbefragung mit der Checkliste

Um Ihre Selbsteinschätzung noch weiter zu präzisieren, können Sie die Checkliste auf der folgenden Seite nutzen. Die Fragen der Checkliste geben Ihnen Hinweise, in welche Richtung Sie Ihre Aufmerksamkeit bei Ihrer Selbsteinschätzung lenken sollten, sodass Sie auf entsprechende Fragen im Vorstellungsgespräch sicher antworten können.

> **Experten-Tipp:**
> **Gewinnen Sie durch Ehrlichkeit**
>
> Wenn Sie einen Gewinn aus der Bearbeitung dieser Checkliste ziehen wollen, ist es von entscheidender Bedeutung, dass Sie offen und ehrlich bei der Beantwortung der Fragen sind. Denn nur wer seine Stärken kennt, kann diese effektiv nutzen. Und nur wer seine Defizite erkennt, kann diese beheben. Bedenken Sie: Andere sehen Schwächen insbesondere im zwischenmenschlichen Verhalten oft schneller als wir selbst. Dies gilt besonders für geschulte Personalfachleute.

Bewerten Sie die Fragen bzw. Aussagen der Checkliste dahingehend, inwieweit sie für Sie zutreffen. Auf den Bewertungsstufen 1 bis 6 heißt das:

- Sind Sie der Meinung, dass die in der Aussage angesprochene Eigenschaft bzw. das angesprochene Verhalten mit Ihrem eigenen voll und ganz übereinstimmt, werten Sie diese Aussage auf der Skala mit 1 (1 = sehr hohe Übereinstimmung).

- Stimmt die angesprochene Eigenschaft überhaupt nicht mit Ihrem Verhalten oder Ihren Kompetenzen überein, werten Sie sie auf der Skala mit 6 (6 = stimmt gar nicht).

- Die Werte 2 bis 5 bilden die Abstufung zwischen völliger und gar keiner Übereinstimmung.

Bei der Beantwortung der Fragen sollten Sie sich immer gleichzeitig auch fragen, wie Sie zu dieser Selbsteinschätzung kommen:

- In welchen Situationen habe ich mich so erlebt?
- Welche Ereignisse untermauern meine Einschätzung?

Checkliste „Selbsteinschätzung" mit Auswertung

Eigenschaft/ Fähigkeit/ Verhalten	stimmt	stimmt nicht	Dimension
	1 2 3	4 5 6	
Ich kann andere schnell überzeugen.			A
Nur selten reagiere ich gereizt.			C
Ich bin selbstbewusst.			A
Ich verfolge mit meinem Handeln immer ein klares Ziel.			B
Ich bin humorvoll.			D
Ich kenne es nicht, dass ich mal die Beherrschung verliere.			C
Neues zu lernen ist sehr wichtig für mich.			B
Aufkommenden Konflikten stelle ich mich.			A
Ich bin meist Ansprechpartner wenn andere Probleme haben.			G

Eigenschaft/ Fähigkeit/ Verhalten	stimmt	stimmt nicht	Dimension
	1 2 3	4 5 6	
Ich kann andere mit meiner Begeisterung anstecken.			D
Ich plane meine Arbeiten immer im Voraus.			F
Im Freundeskreis bin ich oft der Mittelpunkt.			A
Wenn etwas anders läuft als erwartet, macht mir das wenig aus.			E
Meistens bin ich geduldig und eher ein ruhiger Mensch.			C
Ich habe Freude daran, auch mit Fremden schnell ins Gespräch zu kommen.			D
Ich erledige meine Aufgaben sehr gründlich und gewissenhaft.			F
Ich bin ein aktiver Mensch.			D
Ich bin gern mit anderen zusammen.			G
In Diskussionen kann ich meine Meinung gut vertreten und begründen.			A
Ich arbeite mehr als andere.			B
Wünschen anderer komme ich meist nach.			G

Eigenschaft/ Fähigkeit/ Verhalten	stimmt	stimmt nicht	Dimension
	1 2 3	4 5 6	
Ich kann mich gut an andere anpassen.			E
Ich kann anderen lange gut zuhören, auch wenn mich das Thema nicht sonderlich interessiert.			C
Ich beschäftige mich gerne mit vielen unterschiedlichen Dingen.			E
Für mich ist es sehr spannend, mich mit anderen Kulturen zu beschäftigen.			D
Ich bin ehrgeizig.			B
Ich arbeite ziemlich selbstständig.			B
Wenn ich etwas zusage, halte ich es auch.			F
Ich bin froh, wenn mir andere sagen, wenn ich etwas falsch mache.			B
Ich kann lange Zeit viel arbeiten, ohne die gute Laune zu verlieren.			C
Wenn jemand Hilfe braucht, dann helfe ich gern.			G

Eigenschaft/ Fähigkeit/ Verhalten	stimmt	stimmt nicht	Dimension
	1 2 3	4 5 6	
Ich finde es wichtig, dass andere Menschen mir ihre Meinung sagen, auch wenn sie mir nicht liegt.			A
Ich strukturiere mir meinen Tagesablauf nie.			E
Bei meiner Arbeit muss alles bis ins kleinste Detail stimmen.			F
Ich arbeite am liebsten im Team.			G
Wenn viel Arbeit auf mich zukommt, lasse ich mich nicht verrückt machen.			C
Fremden gegenüber bin ich offen und freundlich.			D
Ich beschäftige mich lieber mit ständig wechselnden Themen als intensiv mit einer Sache.			E
Ich liefere meine Arbeit immer pünktlich ab.			F
Eine kurzfristige Einarbeitung in			E
Kommunikation mit anderen ist mir wichtig.			G
Ich prüfe Entscheidungen, bevor ich mich begeistern lasse.			C

Eigenschaft/ Fähigkeit/ Verhalten	stimmt	stimmt nicht	Dimension
	1 2 3	4 5 6	
Bei einem wichtigen Gespräch überlege ich mir vorher genau, was ich sagen will.			F
Entscheidungen treffe ich immer sehr schnell.			B
Ich kann gut angefangene Arbeiten unterbrechen, um mich anderen, wichtigen Themen zu widmen.			E
Eigenschaft/ Fähigkeit/ Verhaltensweisen, die ich darüber hinaus von mir kenne	stimmt	stimmt nicht	
	1 2 3	4 5 6	
...			

Diese Bestandsaufnahme gibt Ihnen weitere wichtige Anhaltspunkte für Ihr individuelles Kompetenzprofil. Hinter jeder Frage steht eine bestimmte Kompetenz (Überzeugungskraft, Gewissenhaftigkeit, soziale Orientierung, Flexibilität etc.). Anhand Ihrer Zustimmung oder Ablehnung einzelner Aussagen können Sie Ihre Stärken und Schwächen ableiten.

Zählen Sie bei jeder Fragengruppe (A - G) die Anzahl positiv beantworteter Aussagen zusammen. Diesen Wert tragen Sie in Ihr Ergebnisprofil ein. Da jedem Kompetenzbereich sieben Aussagen zugeordnet werden können, ist der maximale Wert, den Sie erhalten können, eine 7. Vergleichen Sie Ihre Ergebnisse aus den verschiedenen Kompetenzbereichen: Wo liegen Ihre Stärken und in welchen Bereichen können Sie sich noch steigern?

Ergebnisprofil	1	2	3	4	5	6	7
A) Überzeugungs- und Durchsetzungskraft, Selbstbewusstsein							
B) Leistungs- und Zielorientierung							
C) Belastbarkeit/ Ausgeglichenheit							
D) Aufgeschlossenheit/ Aktivität							
E) Flexibilität							
F) Gewissenhaftigkeit							
E) Soziale Orientierung/ Empathie							
...							
...							

Welchen Nutzen kann ich einem Unternehmen mit meinen Kompetenzen bieten?

> **Praxis-Beispiel:**
> **Nutzen und Bedarf**
>
> Stellen Sie sich vor, Sie gehen in ein Fachgeschäft und wollen beispielsweise eine neue Waschmaschine kaufen. Der Verkäufer stellt als besonderes Leistungsmerkmal einer der in die engere Wahl genommenen Waschmaschinen heraus, dass sie über 32 Programme verfügt. Sie überlegen kurz und denken: „Ja schön, 32 Programme, aber was habe ich davon?".
>
> Kann der Verkäufer Ihnen jetzt nicht klar den Nutzen dieser Programmvielfalt aufzeigen und deutlich machen, in welchen Situationen sich die Auswahl bewährt hat und was die besonderen Waschergebnisse dank der Programmwahl waren, werden Sie die Waschmaschine kaum aufgrund dieses Merkmals kaufen.

Ähnlich geht es Personalentscheidern. Sie wollen erkennen, welchen Nutzen Sie als neuer Mitarbeiter dem Unternehmen bieten und welchen Mehrwert er hat, wenn er Sie anstelle eines anderen Bewerbers einstellt.

Das heißt, Sie sollten Ihre Qualifikationen und Kompetenzen nicht nur nennen können. Für jede Fähigkeit, die Sie als Verkaufsargument für sich verwenden, zeigen Sie im Gespräch auch auf, welcher Nutzen für das Unternehmen in dieser Stärke liegt. Das wird Ihnen am besten gelingen, wenn Sie Beispiele anführen können:

- In welchen Situationen konnte ich diese Fähigkeit bisher einbringen?

- Was konkret habe ich getan, um die Situation zu gestalten?

- Was war das Ergebnis meines Handelns, der Gewinn, der Nutzen?

> **Experten-Tipp:**
> **Nutzen aufzeigen**
>
> Gehen Sie nicht davon aus, dass Ihr Gegenüber aus Ihrer Aussage: „Ich bin teamfähig" den daraus resultierenden Nutzen selbst ableitet. Erleichtern Sie ihm zu erkennen, welchen Nutzen die in der Vergangenheit von Ihnen erreichten Ergebnisse für ihn und sein Unternehmen in der Zukunft haben werden.

Nehmen Sie sich jetzt die Zeit, diese Überlegungen für alle Kompetenzen und Fähigkeiten, die Sie in die Gespräche einbringen wollen, anzustrengen. Ihre Überlegungen zu konkreten Situationen, Ihrem Verhalten und den Ergebnissen Ihres Handelns sind gleichzeitig noch einmal eine Überprüfung der von Ihnen angenommenen Stärken. Vielleicht zeigt sich bei dieser sehr intensiven Auseinandersetzung, dass der ein oder andere Aspekt doch noch nicht in vollem Umfang eine Stärke ist. Das macht aber nichts. Sie wissen damit, wo Sie Ihre Fähigkeiten noch erweitern können, haben also wieder eine wichtige Information gewonnen. Die folgende Checkliste erleichtert Ihnen die Überprüfung.

Checkliste: Kompetenzen und Nutzen

Meine Kompetenz/ Fähigkeit	
Wobei habe ich sie eingebracht (Aufgabe/Situation/ Problemstellung/ Zielsetzung/ gewünschte Lösung)?	
Was habe ich konkret getan (eigene Aktivitäten/ Leistungen/ Handlungen/allein oder im Team)?	
Was habe ich konkret erreicht (Nutzen/Gewinn/ Ergebnis)?	

Was ist der Bedarf des Arbeitgebers?

Wenn Sie einen Verkäufer fragen, wie er die Argumente bestimmt, die er als Nutzenargumente in ein Verkaufsgespräch einbringt, wird er Ihnen sagen, dass er sich im Vorfeld des Gesprächs fragt, welche Bedürfnisse sein Kunde wohl mit dem angebotenen Produkt befriedigen möchte. Er wird versuchen, sein Angebot - also den Nutzen - auf den Bedarf des Kunden abzustimmen. Das gleiche Prinzip gilt für Ihre Vorstellungsgespräche. Wenn Sie den Bedarf Ihres Gesprächspartners kennen, können sie sich überlegen, wie Sie mit Ihren Kompetenzen dazu beitragen können, seinen Bedarf zu befriedigen wie Sie ihm also einen Nutzen bieten.

Vielleicht fragen Sie sich jetzt, woher um alles in der Welt Sie wissen sollen, welchen Bedarf Ihr Gesprächspartner haben wird. Vielleicht haben Sie zwei Gesprächspartner, den Personalleiter und den Leiter der Fachabteilung, vielleicht haben beide unterschiedliche Bedürfnisse und Zielvorstellungen für die Einstellung eines neuen Mitarbeiters. Den Einzelnen können Sie tatsächlich erst im Gespräch danach fragen. Aber Ihnen stehen trotzdem einige Informationsquellen zur Verfügung:

- grundsätzliche Ziele für Unternehmen (vertreten durch die Personalentscheider) und

- die Stellenausschreibung.

Wir wollen Ihnen dies verdeutlichen, indem wir Ihnen einige Bedürfnisse aufzeigen, von denen die Unternehmensvertreter bei ihren Personalentscheidungen geleitet werden. Diese Bedürfnisse oder auch Ziele bieten Ihnen Ansatzpunkte für Ihre Nutzenargumentation.

- Umsatz/Rendite steigern (z.B. durch die Einstellung eines verkaufsstarken Vertriebsmitarbeiters)

- Kosten minimieren, Qualität steigern, Fehler/ Ausschuss senken (z.B. durch die Einstellung eines sehr gewissenhaften Fachmanns)

- Zeit sparen (z.B. durch die Einstellung eines handlungsorientierten und zügig arbeitenden Mitarbeiters)

- Aufwand und Anstrengung minimieren (durch die Einstellung eines Assistenten)
- Ansehen gewinnen (durch eine gute Personalentscheidung, die durch Ihre Leistung als Mitarbeiter offensichtlich wird)
- Lob und Anerkennung erhalten (durch gute Einstellungsentscheidung)
- Ärger und Kritik vermeiden
- Aktuell und im Trend sein (z.B. durch die Einstellung eines Produktentwicklers, Marketingfachmanns etc.)
- Image fördern (z.B. das des Unternehmens am Markt durch Traineeprogramme etc.)

Eine auf die Bedürfnisse bezogene Nutzenargumentation hinsichtlich Ihrer Kompetenzen wird einfacher, wenn Sie die Ergebnisse Ihres Handelns mit Zahlen, Daten und Fakten untermauern können. Die folgende Checkliste soll Ihnen dabei helfen.

Checkliste: Was waren Ergebnisse meines Handelns?

Konnte ich Einsparungen in bestimmten Bereichen bewirken? Wie hoch waren diese?	
Konnte ich Umsätze, Renditen erhöhen?	
Konnte ich neue Kunden gewinnen?	
Konnte ich Abläufe effektiver gestalten? Zeit oder Mitarbeiterkapazitäten einsparen?	
Konnte ich Vorgaben (Zeit, Kosten etc.) einhalten, z.B. im Projektmanagement?	

Konnte ich Leistungen verbessern, Qualität steigern, Fehler reduzieren?	
Konnte ich neue Teams bilden oder deren Leistungsfähigkeit und Zusammenarbeit verbessern?	
Konnte ich andere überzeugen oder für neue Ideen gewinnen (bei Präsentationen, in Besprechungen etc.)	
Konnte ich neue Ideen einbringen, durchsetzen und realisieren?	
Konnte ich besondere Schwierigkeiten überwinden?	
Konnte ich die Marktposition verbessern?	
Hat mein Vorgesetzter durch meine Leistung eine besondere Anerkennung erfahren?	
Wurden meine Vorgehensweisen auch von anderen Bereichen übernommen?	

Die aufgeführten Fragen sind Beispiele für die Ergebnisse Ihres Handelns. Sie sollen Ihnen helfen, Ihre Überlegungen in die richtige Richtung zu führen.

Was ein wesentliches Ergebnis Ihres Handelns ist, ist abhängig von der Position, aus der heraus Sie gehandelt haben. Als Mitglied der Redaktion der Schülerzeitung haben Sie vielleicht dazu beigetragen, die Druckkosten um fünf Prozent zu senken. Als Sekretärin haben Sie durch die Einführung eines neuen Ablagesystems zu einer Effizienzsteigerung beigetragen. Und als Führungskraft haben Sie vielleicht durch eine neue Aufgabenverteilung in Ihrer Abteilung eine Reduzierung der Überstunden um zehn Prozent erreicht.

Experten-Tipp:
Kompetenzblätter griffbereit halten

Ihre einzelnen Kompetenzblätter (aus der Checkliste) legen Sie in Ihrer Sammelmappe ab. Wenn Sie zu einem Vorstellungsgespräch gehen, suchen Sie die Kompetenzblätter heraus, die von der beschriebenen Fähigkeit und dem erbrachten Nutzen her am besten auf die ausgeschriebene Position passen.

Weiter oben haben wir angeführt, dass Sie den Bedarf, den ein Unternehmen mit der Personaleinstellung decken will, auch aus der Stellenausschreibung herauslesen können. In den Stellenausschreibungen werden bestimmte Ziele und Anforderungen an die Bewerber beschrieben. Diese spiegeln letztendlich den Bedarf des Unternehmens wider. Folgendes Beispiel verdeutlicht, wie Sie vorgehen können.

Führender Telekommunikationsanbieter

Wir zählen zu den führenden Telekommunikationsanbietern. Unser Leistungsspektrum umfasst die Festnetz- und Mobiltelefonie ebenso wie Datennetzwerk-und Internet-Services unter verschiedenen Marken. Auch auf dem deutschen Telekommunikationsmarkt sind wir sehr erfolgreich. Dies gelingt uns durch eine absolut leistungsorientierte Einstellung aller Mitarbeiter, Konzentration auf das Wesentliche und ein auf die Wünsche unserer Kunden abgestelltes Produktportfolio. Für unsere Gesellschaft mit Sitz in der Region Mitte suchen wir den fachlich überzeugenden Marketing- und Vertriebsprofi als

Chief Executive Officer Deutschland

Schwerpunkte seiner Tätigkeit werden die konsequente Fortführung der positiven Geschäftsentwicklung verbunden mit einem schnellen und profitablen Wachstum sowie wietere Stabilisierung der Unternehmensstruktur sein. Erwartet werden darüber hinaus ein Ausbau der Marktpositionierung sowie die konsequente Einführung neuer Geschäftsfelder. Bei seinen Aufgaben wird der CEO durch ein kompetentes Management- und Mitarbeiterteam unterstützt.

Wir suchen das Gespräch mit einer hochqualifizierten Managerpersönlichkeit, die mit dem Telekommunikationsmarkt in Deutschland bestens vertraut ist, die Marktmechanismen versteht und in der Lage ist, mit hoher unternehmerischer Begabung, Schnelligkeit, Durchhaltevermögen und Konsequenz Akzente am Markt zu setzen. Basis hierfür sind eine akademische Ausbildung sowie mehrjährige Erfahrung in Marketing- und Vertriebsfunktionen innerhalb der Branche. Als gestandene und souveräne Persönlichkeit zeichnen Sie darüber hinaus hohe soziale Kompetenz, Zielorientierung und Kommunikationsfähigkeit aus. Sie sind Mitte 30 bis Ende 40, sprechen verhandlungssicheres Englisch und verfügen über eine überdurchschnittliche Einsatzbereitschaft. Sie fühlen sich wohl in einer schlanken, unbürokratischen Umgebung, in der Leistung mehr zählt als Statussymbole.

Checkliste: Unternehmensbedürfnisse und Nutzenangebot

Bedarf	Meine bisherigen Ergebnisse	Mein Nutzen
Ausbau der Marktpositionierung		
Einführung neuer Geschäftsfelder		
Stabilisierung der Unternehmensstruktur		
Schnelles und profitables Wachstum		
Konsequente Fortführung der positiven Geschäftsentwicklung		
Akzente am Markt setzen		

Bei den Punkten, die wir in die Checkliste aufgenommen haben, haben wir uns auf die reinen Bedarfsaussagen beschränkt. Es sind noch deutlich mehr Anforderungen an die Bewerber beschrieben, die selbstverständlich auch den Bedarf des Unternehmens nach einer bestimmten Persönlichkeit und bestimmten Kompetenzen beschreiben. Darauf gehen wir später noch ein. Für die herausgearbeiteten Bedarfe einer Position können Sie jetzt überlegen, was Ihre Ergebnisse und Erfolge in vergleichbaren Handlungsfeldern bisher waren und, darauf aufbauend, welchen Nutzen Sie einem Unternehmen damit bieten können.

Für die weiter oben aufgeführten Bedürfnisse von Personalentscheidern können sie gleichermaßen vorgehen.

Sie haben sich jetzt viele Informationen erarbeitet und sich eine solide Basis geschaffen. Es ist sinnvoll, nun noch einmal das Kompetenzprofil zur Hand zu nehmen und zu überprüfen bzw. zu ergänzen. Ihr Kompetenzprofil sollten Sie fortlaufend ergänzen, damit Sie sich vor einem Vorstellungsgespräch schnell noch einmal einen Überblick verschaffen können.

Wenn Sie Ihr Kompetenzprofil ergänzen, tragen Sie in die linke Spalte die Eigenschaft ein, im mittleren Bereich (1-6) die Stärke der Ausprägung.

Orientieren Sie sich dabei am Bewertungssystem von Schulnoten: 1 - sehr gut/sehr hoch - und 6 - sehr niedrig/sehr schwach. In der rechten Spalte machen Sie sich Notizen dazu, wie Sie zu der Einschätzung kommen. Diese können Sie zum Teil aus den bisher bearbeiteten Checklisten entnehmen. Handelt es sich bei einer Eigenschaft um eine Schwäche, tragen Sie in der rechten Spalte ein, was Sie tun werden, um in diesem Bereich Ihre Kompetenzen zu erweitern.

> **Experten-Tipp:**
> **Schwächen abbauen**
>
> Bei fehlenden oder nicht so stark ausgeprägten Fähigkeiten sollten Sie für sich immer die Frage beantworten: Was kann ich tun, um meine Kompetenzen in diesem Bereich ausbauen? Wenn Sie darüber Klarheit gewonnen haben, können Sie im Vorstellungsgespräch nur gewinnen.

Die bisher gegangenen Schritte zur Erarbeitung Ihres Kompetenzprofils haben Sie mit dem Ziel gemacht, im Bewerbungsgespräch eine souveräne und überzeugende Selbstpräsentation zu bieten. Um dies abzurunden, müssen Sie sich mit weiteren Fragen auseinander setzen:

- Verfügen Sie über Qualifikationen, durch die Sie sich von anderen Bewerbern positiv abgrenzen können?

- Haben Sie Kompetenzen gefunden, die Sie besonders auszeichnen?

Kennzeichnen Sie diese Kompetenzen gesondert in Ihrem Profil. Sie sind wichtige Verkaufsargumente für Sie.

Passen meine Kompetenzen zur Zielposition?

Sie haben Ihre Stärken und Schwächen erarbeitet und herausgestellt, wann Sie Ihre Stärken wie und mit welchem Ergebnis einbringen konnten.

Nun ist die Frage von Bedeutung, wie gut Ihr Kompetenzprofil zum Anforderungsprofil der Position passt. Je größer die Übereinstimmung, desto besser ist Ihre Ausgangsposition im Vorstellungsgespräch.

Besteht eine hohe Übereinstimmung, wissen Sie gleichzeitig, dass Sie Ihr Leistungspotenzial optimal einbringen und die Ihnen gestellten Aufgaben erfolgreich lösen können. Für Sie ist das die Voraussetzung für Zufriedenheit, Motivation und eine berufliche Weiterentwicklung. Für das Unternehmen bedeutet es den höchsten Nutzen, wenn Sie zusammenpassen. Sie können den Bedarf optimal decken.

Ihre nächsten Aufgaben sind also, die Anforderungen der ausgeschriebenen Position herauszuarbeiten und mit Ihrem Kompetenzprofil zu vergleichen.

Wie erfahre ich, welche Anforderungen mit der Position verbunden sind?

Wenn Sie sich auf eine Print- oder Online-Anzeige beworben haben, finden Sie darin erste Informationen darüber, welche Kompetenzen die neue Mitarbeiterin bzw. der neue Mitarbeiter mitbringen sollen. Erfolgt Ihr Vorstellungsgespräch auf eine Initiativbewerbung hin, können Sie Anforderungen, die das Unternehmen an Bewerber/Mitarbeiter stellt, aus anderen Quellen ableiten.

Quellen für positionsbezogene Anforderungen

- Andere Stellenausschreibungen des Unternehmens (beliebige Position). Sie können erkennen,

- welche Anforderungen das Unternehmen an viele seiner Mitarbeiter in unterschiedlichen Positionen stellt;

- auf welche notwendigen Kompetenzen für unterschiedliche Positionen hingewiesen wird.

- Firmeninformationsmaterialien, Werbebroschüren

  Hier finden Sie Aussagen wie: „Wir sind ein innovatives Unternehmen und setzen uns aktiv für die Belange unserer Kunden ein. Unsere Mitarbeiter erarbeiten in leistungsstarken Teams die für Sie passende Lösung. Mit Kreativität und einer offenen internen Kommunikation schaffen wir es, Sie immer wieder mit neuen Lösungen zu überraschen".

  Aus dieser kurzen Selbstdarstellung des Unternehmens können Sie ableiten, dass für das Unternehmen folgende Kompetenzen bei der Auswahl der Mitarbeiter eine Rolle spielen:

  - Einsatzbereitschaft,

  - Kreativität,

  - Innovationskraft,

  - Teamfähigkeit,

  - Kommunikationskompetenzen,

  - Kundenorientierung.

- Gespräche mit Freunden und Bekannten, die das Unternehmen kennen oder dort arbeiten

- Anforderungen an vergleichbare Positionen in anderen Unternehmen

Anforderungen, die Sie in unterschiedlichen Informationsquellen entdecken (verschiedene Stellenausschreibungen, Informationsmaterial des Unternehmens), sind für das Unternehmen von besonderer Bedeutung und sollten Ihre ganze Aufmerksamkeit erwecken.

Für Ihren persönlichen Vergleich listen Sie alle fachlichen, persönlichen und Verhaltensanforderungen, die Sie aus den Informationsmaterialien oder Gesprächen herauslesen und -hören können, auf. Nutzen Sie dazu die folgende Checkliste.

Checkliste: Positionsanforderungen

Welche Anforderungen und Erwartungen werden aus der Stellenausschreibung deutlich?	
Welche Anforderungen und Erwartungen werden aus Stellenausschreibungen für andere Positionen deutlich?	
Welche Anforderungen kann ich aus anderen Informationsmaterialien oder Gesprächen ableiten?	
Welche Anforderungen sind mir aus Gesprächen mit Firmenmitarbeitern bekannt?	
Welche Anforderungen sind mir aus vergleichbaren Positionen in anderen Unternehmen bekannt?	
Welche Angaben habe ich in verschiedenen Quellen gefunden?	

Exemplarisch zeigen wir Ihnen diese Auswertung nun am vorangegangenen Beispiel der Stellenausschreibung.

Anforderungsprofil der Stellenausschreibung

Beschriebene Anforderung	bedeutet
absolut leistungsorientierte Einstellung	hohe Leistungsorientierung
Konzentration auf das Wesentliche	Blick fürs Wesentliche
geht ein auf Wünsche unserer Kunden	Kundenorientierung
fachlich überzeugenden Marketing- und Vertriebsprofi	hohe Fachkompetenz im Telekommunikationsmarkt (Festnetz- und Mobiltelefonie ebenso wie Datennetzwerk- und Internet-Services unter verschiedenen Marken)
Fortführung der positiven Geschäftsentwicklung verbunden mit einem schnellen und profitablen Wachstum sowie weitere Stabilisierung der Unternehmensstruktur	Vertriebs- und Verkaufskompetenz
Ausbau der Marktpositionierung	sollte schon mal einen Markt erschlossen und schnelles Wachstum erreicht haben
konsequente Einführung neuer Geschäftsfelder	Erfahrung in Produktentwicklung
durch ein kompetentes Management- und Mitarbeiterteam unterstützt	Teamfähigkeit Führungserfahrung

hohe unternehmerischer Begabung Schnelligkeit Durchhaltevermögen akademische Ausbildung mehrjährige Erfahrung in Marketing- und Vertriebsfunktionen innerhalb der Branche gestandene und souveräne Persönlichkeit hohe soziale Kompetenz Zielorientierung Kommunikationsfähigkeit Mitte 30 bis Ende 40 verhandlungssicheres Englisch	gute Branchenkenntnis
fühlt sich wohl in einer schlanken, unbürokratischen Umgebung, in der Leistung mehr zählt als Statussymbole	hinsichtlich der eigenen Werte unabhängig von äußeren Macht- und Statussymbolen (kann ein Hinweis auf ein gemäßigtes Gehalt und Begrenzungen in Variablen wie Dienstwagen, Büroausstattung etc. sein)

Versuchen Sie im nächsten Schritt einzuschätzen, wie wichtig die geforderte Notwendige Fähigkeit für das Unternehmen ist. Das heißt, wird aus den Ihnen vorliegenden Informationen deutlich, ob der zukünftige Mitarbeiter die beschriebene Kompetenz überdurchschnittlich gut, gut oder einfach nur können soll. Dies erkennen Sie daran, wie sehr diese Anforderung betont (in den Vordergrund gestellt) wird oder ob sie mehrmals wiederholt wird. Hierfür können Sie in Stellenausschreibungen auch zwischen Muss- und Kann-Anforderungen unterscheiden. Muss-Anforderungen brauchen eine höhere Erfüllung, also Kompetenzausprägung, als Kann-Anforderungen.

Muss-Anforderungen sind Voraussetzung für die Positionsbesetzung. Sie beginnen mit Worten wie:

- Sie haben ...
- Sie verfügen ...
- Als qualifizierter ...
- Mit qualifizierter Ausbildung als ...
- ... bringen Sie mit
- ... mit mindestens fünf Jahren Berufserfahrung als ...

Mit vorhandenen besonderen Qualifikationen und in engen Arbeitsmärkten kann sich eine Bewerbung auch lohnen, wenn Ihnen einzelne Muss-Anforderungen fehlen.

Experten-Tipp:
Muss-Anforderungen müssen Sie nachweisen

Sind Muss-Anforderungen formuliert, macht es in der Regel wenig Sinn, sich zu bewerben, wenn Sie diese nicht erfüllen. Sie müssen beweisen, dass Sie die Anforderungen erfüllen.

Kann-Anforderungen sind nicht zwingend für die Positionsbesetzung. Können Sie sie erfüllen, bedeutet das jedoch Pluspunkte für Sie als Bewerber Kann-Anforderungen sind in folgende Aussagen eingebettet:

- Wünschenswert ist ...
- Ausbildung als XY oder vergleichbare Ausbildung
- ... wäre von Vorteil
- möglichst ...
- hinreichende Qualifikation in ...

> **Experten-Tipp:**
> **Behauptung als Lösung**
> Bei Kann-Anforderungen dürfen Sie als Bewerber behaupten, dass Sie die Anforderung erfüllen. Sie müssen keinen entsprechenden Nachweis erbringen. Wenn Sie eine Kompetenz beweisen können, haben Sie Pluspunkte

Für fachliche Anforderungen finden Sie in Ausschreibungen häufig folgende Aussagen:

Fachkenntnisse

- Fachkenntnisse in der Position
- Fachkenntnisse in der Branche
- Fachbezogene Zusatzkennnisse
- Fachliche Berufserfahrung

Ausbildung

- Qualifizierte Ausbildung als ...
- Hochschulabschluss (Universität)
- Fachhochschulabschluss

Organisatorische Einordnung

- Sachbearbeiter

- Gruppen-, Abteilungs-, Bereichsleiter

- Projektleiter (keine linien-, sondern projektbezogene Eingliederung)

Manche Aussagen in Stellenausschreibungen sind nicht eindeutig zu interpretieren. Hier sollten Sie spätestens im Gespräch nachfragen:

Kriterium	Mögliche Interpretation
Mobilität	Reisetätigkeit; Längere Einsätze in Niederlassungen; Auslandsreisen
Flexibilität	Flexibel hinsichtlich der zu übernehmenden Aufgaben; Lernbereit; Flexibel im Einsatzort; Flexibel hinsichtlich der Arbeitszeit
Verstärkung unseres Teams	Zusätzliche oder neu geschaffene Position
Fundierte Berufserfahrung	Hier können Sie von mindestens drei bis fünf Jahren ausgehen.

Prüfen Sie genau, ob Sie die beschriebenen Anforderungen erfüllen können und wollen. Sind Sie wirklich kontaktstark, führungsmotiviert, mobil oder zeitlich flexibel?

Eine Position, die nicht zu Ihnen passt, sollten Sie nicht antreten, weil es Ihnen langfristig in dieser Stelle nicht gut gehen wird. Erfüllen Sie Muss-Anforderungen nicht, sollten Sie beim Unternehmen nachfragen, ob eine Bewerbung trotzdem Sinn macht. Andernfalls investieren Sie Zeit und Geld lieber in andere Bewerbungsaktivitäten.

Für die Einschätzung, wie wichtig die einzelnen Kompetenzen für die Position sind, nehmen sie das gleiche Profilblatt wie für Ihr Kompetenzprofil. Nutzen Sie die gleiche Bewertungsskala (1 bis 7).

Checkliste: Positionsbezogenes Anforderungsprofil

Anforderungsprofil	1	2	3	4	5	6	7
Leistungsorientierung							
Blick für das Wesentliche							
Kundenorientierung							
Fachkompetenz							
Vertriebs- und Verkaufskompetenz							
Erfahrung in der Produktentwicklung							
Teamfähigkeit							
Führungserfahrung							
Branchenkenntnis							

> **Experten-Tipp:**
> **Profilvergleich**
>
> Einen sehr übersichtlichen Vergleich zwischen Ihren persönlichen Kompetenzen und den Positionsanforderungen erhalten Sie, wenn Sie die von Ihnen erkannten Anforderungen als eigene Kurve, z.B. mit einer anderen Farbe, in Ihr Kompetenzprofil eintragen.

Wenn Sie sich unsicher sind, wie wichtig eine Kompetenz für die zu besetzende Position ist, tragen Sie eine Kompetenzausprägung mit einem Zweier- bis Dreierwert ein. Damit vermeiden Sie die Gefahr, eine Anforderung zu unterschätzen.

Bei der Auswertung beider Profile helfen Ihnen folgende Fragen:

Checkliste: Vergleich Kompetenz- und Anforderungsprofil

Inwieweit stimmt mein Kompetenzprofil mit dem Anforderungsprofil des Unternehmens überein?	
Wo bestehen leichte Differenzen?	
Wo bestehen größere Differenzen?	
Wo liegen meine besonderen fachlichen Qualifikationen (Qualifikationen, die über das Anforderungsprofil hinausgehen oder über die ich zusätzlich verfüge)?	
Wo liegen meine besonderen persönlichen Kompetenzen (Kompetenzen, die über das Anforderungsprofil hinausgehen oder über die ich zusätzlich verfüge)?	
Welche Vorteils- und Nutzenargumentation kann ich aus dem Profilvergleich ableiten? (Ergänzen Sie Ihre Kompetenzblätter um wichtige neue Gedanken und Argumente)	

Wie kann ich hinsichtlich einer deutlich negativen Diskrepanz zwischen beiden Profilen argumentieren?	
Was kann ich tun, um deutliche Diskrepanzen zu verringern?	

Wenn Sie beim Vergleich beider Profile feststellen, dass für die Position Anforderungen bestehen, die Sie in Ihr Profil gar nicht aufgenommen haben oder als Schwäche bei sich selbst werten, prüfen Sie noch einmal kritisch, wie Sie die notwendigen Kompetenzen erwerben.

Wenn Sie fehlende Kompetenzen entdeckt haben, ist das zwar erst einmal nicht erfreulich. Für Ihr Vorstellungsgespräch haben Sie aber eine wichtige Information gewonnen. Gerne wird gefragt: „Welche Schwächen haben Sie?" oder: „Was können sie nicht so gut?" oder: „Wo wollen Sie sich noch verbessern, weiterentwickeln?". Jetzt wissen Sie zumindest, wie Sie sich verhalten sollten:

- Bei persönlichen Schwächen, die für die ausgeschriebenen Position als Anforderung formuliert sind:

    - Mit diesen Schwächen gehen Sie im Vorstellungsgespräch sehr vorsichtig um. Sie sprechen sie nur an, wenn Sie gleichzeitig aufzeigen können, was Sie bereits unternommen haben, um Ihre Kompetenzen in diesem Bereich zu erweitern bzw. was Sie in naher Zukunft unternehmen werden.

- Persönliche Schwächen, die im Anforderungsprofil für die Position nicht genannt werden:

    - Diese Schwächen können Sie im Vorstellungsgespräch anführen, ohne dass Sie Ihre Einstellungschancen damit gefährden.

> **Experten-Tipp:**
> **Vorsicht, wenn Sie über Schwächen sprechen**
>
> Wenn Sie von Ihren Schwächen sprechen, sollten Sie immer sehr vorsichtig agieren. Beobachten Sie Ihr Gegenüber genau, wie reagiert er (nonverbal, Mimik, Gestik). Löst Ihre genannte Schwäche bei ihm Zweifel aus (Mimik)? Dann sollten Sie sofort abmildern oder Maßnahmen zur Kompetenzsteigerung dagegensetzen.

> **Experten-Tipp:**
> **Beratung in Anspruch nehmen**
>
> Trotz dieser Hilfestellungen kann es schwierig sein, all die Fragen und Aufgaben, die mit der Vorbereitung verbunden sind, allein zu bewältigen. Sollten Sie sich hinsichtlich Ihrer Vorbereitung und Gestaltung von Bewerbungsgesprächen, Ihrer gesamten Bewerbungsstrategie oder auch hinsichtlich Ihrer weiteren Karriereplanung unsicher sein, können Sie professionelle Unterstützung in Anspruch nehmen. Verschiedene Organisationen und Beratungen bieten Karriere- und Bewerbungsberatung an. Hier kann sich z.B. ein Blick ins Internet lohnen.

Lohnt sich der Aufwand?

Vielleicht fragen Sie sich, ob es denn wirklich notwendig sei, so viel Aufwand zu betreiben. Vielleicht sind Sie auch der Meinung, dass Sie sich schon ganz gut kennen. Wir sind davon überzeugt, dass sich diese Zeitinvestition in erfolgreichen Bewerbergesprächen bezahlt macht. Nutzen Sie wenigstens einen Teil der aufgezeigten Hilfestellungen, um zu einer möglichst umfassenden Selbsteinschätzung zu gelangen.

Ein bedeutender Vorteil der Selbsteinschätzung ist, dass Sie begründen können, warum Sie der Meinung sind, dass Sie kreativ, sehr strukturiert oder teamfähig usw. seien. Sie können herausstellen, aufgrund welcher Gegebenheiten und Erfahrungen Sie zu dieser Selbsteinschätzung gekommen sind und wobei Sie diese Fähigkeiten und Kompetenzen unter Beweis stellen konnten. Nichts ist schlimmer in einem Vorstellungsgespräch als in den Raum gestellte Aussagen zu Kompetenzen und Fähigkeiten, die auf Nachfrage nicht begründet werden können.

> **Praxis-Beispiel:**
> **Begründung wichtig**
> Interviewer: „Wo liegen Ihre persönlichen Stärken?" Bewerber: „Nun, ich bin sehr teamfähig."
> Interviewer: „Das freut mich, wir arbeiten in unserem Haus sehr viel in Teams und Projektgruppen. Aufgrund welcher Erfahrungen sind Sie zu dieser Selbsteinschätzung gekommen?"
> Bewerber: „Äh nun ja, äh, ich arbeite gerne mit anderen zusammen."
> Interviewer: „Können Sie das vielleicht noch etwas konkretisieren? Was ist Ihnen in der Zusammenarbeit mit anderen besonders wichtig?"

Diese kleine Gesprächssequenz macht deutlich, dass es wenig überzeugend ist, wenn Sie von Stärken und Kompetenzen oder anderen persönlichen Eigenschaften sprechen, ohne diese begründen zu können. Gleiches gilt für Schwächen, wenn Sie nicht wissen, wie Sie sie ausgleichen können.

Welche Informationen brauche ich von dem Unternehmen?

> **Praxis-Beispiel:**
> **Informationen sammeln**
>
> Ida P. hat sich bereits damit auseinander gesetzt, wie sie sich bei einem Bewerbungsgespräch am besten verkaufen kann. Jetzt sammelt sie Informationen zum Unternehmen, bei dem sie das Gespräch hat. Einige Punkte kann sie noch aus der Bewerbungsphase erinnern. Sie möchte sich aber noch einmal ausführlicher informieren. Sie hält es für vorteilhaft, die Unternehmensphilosophie, die Unternehmensstruktur und ein paar weitere Zahlen zu kennen

Auch wenn es auf den ersten Blick so aussieht, als würde nur das Unternehmen eine Entscheidung für oder gegen einen Arbeitnehmer treffen, ist das natürlich nur die halbe Wahrheit. Auch Sie treffen eine Entscheidung für oder gegen einen Arbeitgeber, vor dem Hintergrund Ihrer Einschätzung, wie gut oder eben nicht ein Unternehmen und eine angebotene Position zu Ihnen passen. Sieht man einmal von der Situation ab, dass Sie aus einer Notlage heraus erst einmal irgendeine Stelle annehmen, um dann in Ruhe nach einer besser passenden zu suchen, werden Sie für Ihre Entscheidung immer verschiedene Variablen überprüfen:

- Passt die Position zu meinen Kompetenzen?

- Kann ich mich mit den Produkten/Leistungen des Unternehmens identifizieren?

- Passt die Kultur des Unternehmens zu meinen Werten und dem, was mir im

- Berufsleben wichtig ist

- Passen die Anforderungen und Herausforderungen der Position zu dem, was mich motiviert?

Um diese Fragen zu beantworten, müssen Sie sich über das Unternehmen, bei dem Sie sich vorstellen wollen, informieren.

Darüber hinaus erwarten Ihre Gesprächspartner, dass Sie sich für das Unternehmen interessieren und sich Wissen über das Unternehmen aneignen. Auf Fragen wie z.B.: „Was wissen Sie über unser Unternehmen?", sollten Sie etwas differenzierter Auskunft geben können als nur: „Sie stellen XY her".

> **Experten-Tipp:**
> **Unternehmenskenntnisse werden abgefragt**
>
> Bereiten Sie sich vor. Fragen zu Ihren Unternehmenskenntnissen im Vorstellungsgespräch können Sie fest einplanen.

Wenn Sie zu einem Vorstellungsgespräch eingeladen werden, wird es höchste Zeit, dass Sie sich so viele Informationen wie möglich über das Unternehmen beschaffen. Hier kann jede Information interessant sein. Wichtig ist, dass die Informationen, die Sie sammeln, die oben angeführten Fragen für Sie beantworten können. Sie werden im Vorfeld sicher nicht alle Fragen abschließend beantworten können, hierfür benötigen Sie zusätzlich Informationen aus dem Vorstellungsgespräch.

Anhaltspunkte dazu, in welche Richtung Sie Ihre Aufmerksamkeit lenken sollten, gibt Ihnen die nachfolgende Checkliste.

Checkliste: Unternehmensdaten

Unternehmensform	
Geschäftsfelder	
Name, Anschrift	
Ansprechpartner/ wichtige Personen Titel/ Telefonnummer	
Hauptsitz	
Niederlassungen international Niederlassungen national	

Mitarbeiterzahl gesamt: Inland: Ausland:	
Produktpalette/ Dienstleistungen	
Kunden des Unternehmens	
Marktlage/-anteile Inland: Ausland:	
Wichtige Wettbewerber	
Umsätze	
Wichtige Entwicklungen/ Neuheiten	
Organisationsstruktur	
Unternehmenskultur/ Philosophie	
Führungskultur	
Weitere Unternehmensdaten/ Kennzahlen	
Besonderheiten (Produkte, Erfindungen, Umweltschutz etc.)	
Prognostizierte zukünftige Entwicklung	

Aussagen zu wichtigen Themen (Firmenpolitik, Umweltschutz, soziale Verantwortung etc.)	
Sonstige wichtige Informationen	
Informationen zum Unternehmen aus Presse, Funk und Fernsehen	
...	

Informationen, die Sie sich im Vorfeld nicht erarbeiten können, bilden unter anderem Ihre Fragenliste für das Vorstellungsgespräch. Klären sie Ihre Fragen - Sie müssen auch eine Entscheidung treffen!

Neben wichtigen grundlegenden Daten kann es für Ihr Vorstellungsgespräch von Bedeutung sein, dass Sie über aktuelle Neuigkeiten und Entwicklungen des Unternehmens informiert sind. Darüber hinaus können Sie davon ausgehen, dass, je höher die Position ist, um die Sie sich bewerben, Sie umso mehr Fragen zu Wirtschaft und Unternehmenspolitik gestellt bekommen. Verfügen Sie über aktuelle Informationen?

Wie gut oder schlecht Sie informiert sind, signalisiert Ihrem Gesprächspartner zum einen Ihr Interesse am Unternehmen und an der ausgeschriebenen Position, zum anderen machen Sie deutlich, dass Sie eigenverantwortlich die Initiative übernehmen und aktiv werden.

Wenn Sie im Vorstellungsgespräch mit Ihrem Wissen über das Unternehmen Pluspunkte sammeln wollen, sollten Sie auch wissen, woher Sie die jeweiligen Informationen haben. Die Antwort: „Ich weiß nicht mehr genau, hab ich irgendwo gelesen", ist nicht sehr überzeugend.

Wo bekomme ich die gewünschten Informationen zum Unternehmen her?

Gehen Sie nicht mit der Erwartung ins Vorstellungsgespräch, dass man Ihnen dort alle erforderlichen Informationen zum Unternehmen gibt. Spezifische Informationen zu Position und Unternehmen werden mit Ihnen besprochen, grundlegende Informationen von Ihnen erwartet.

Um an Informationen über das Unternehmen zu gelangen, können Sie verschiedene Quellen nutzen:

Informationsquellen im Internet

- eigene Homepage des Unternehmens

- öffentlich zugängliche Informationsdatenbanken (Datenbanken der Industrie- und Handelskammern (www.ihk.de bzw. www.diht.de oder auch Datenbanken von Berufs- und Branchenverbänden. Über das Suchwort „Berufsverbände" finden Sie im Internet die jeweiligen Homepages)

- Unternehmensdatenbanken im Internet (www.bisnode.de, www.schober.de)

- Genios Wirtschaftsdatenbank (breite Datenbank, die Informationen zu Unternehmensbranchen, wirtschaftlichen Entwicklungen etc. bereitstellt (www.genios.de).

Weitere Informationsquellen

- vom Unternehmen selbst (Jahresberichte, Selbstdarstellungsbroschüren)

- weitere Stellenausschreibungen des Unternehmens in regionalen und überregionalen Zeitungen, Fachzeitschriften oder im Internet. Jede Stellenausschreibung des Unternehmens gibt Ihnen Auskunft darüber, ob die Selbstdarstellung des Unternehmens positionsabhängig variiert,

- wie viele und welche Positionen aktuell zu besetzen sind (dies gibt Ihnen Hinweise auf die aktuelle Situation des Unternehmens. Baut das Unternehmen gerade Personal auf, weil es stark wächst, oder gibt es Hinweise auf Krisen im Unternehmen?)

Informationen finden Sie auch unter:

- Firmen laden ein/FAZ-Leitfaden Betriebsbesichtigungen. Es enthält folgende Informationen: Name, Anschrift, Telefonnummer, Wegbeschreibungen, Produkte, Firmengröße, Umsatz, Gründungsjahr und Informationen über Besichtigungsmöglichkeiten (www.goethe.de)

- Wer gehört zu wem? Commerzbank AG, ISSN 0171-9688 (in jeder Commerzbank-Filiale) (www.commerzbank.de)

- Wirtschaftsnachrichten in regionalen und überregionalen Medien

- Bundesagentur für Arbeit (www.arbeitsagentur.de)

- Gelbe Seiten/Telefonbuch (nur geeignet für die Frage, wen es überhaupt gibt) (www.gelbseiten.de/www.dastelefonbuch.de)

- ABC der deutschen Wirtschaft Verlagsgesellschaft mbH (www.abconline.de)

- Kompass GmbH, Firmenportal weltweit (www.de.kompass.com)

- Arbeitgeberverband

- Ihre Hausbank kann gegebenenfalls Geschäftsberichte besorgen.

- Berufsverbände

- Messen, Kongresse

- Allgemeine Branchenmessen

- Firmenkontaktmessen (Access, akademika, Karrieretage, Connecticum, Pyramid etc.)

- Freunde und Bekannte

Experten-Tipp:
Unternehmenseigene Informationsmaterialien anfordern

Wenn Sie einen Termin für ein Vorstellungsgespräch haben, können Sie im Unternehmen fragen, ob man Ihnen Informationsmaterialien wie z.B. Geschäftsberichte und Prospekte zusendet. Wenden Sie sich hierfür an die Presse/PR- oder die Personalabteilung des Unternehmens.

Hinsichtlich der für Sie notwendigen Informationen zur Unternehmens- und Führungskultur sind Bekannte, die selbst in diesem Unternehmen arbeiten oder gearbeitet haben, eine gute Quelle. Haben Sie diese nicht, müssen Sie auf das geschriebene Wort vertrauen. Dabei lohnt es sich sicher, den einen oder anderen Punkt im Vorstellungsgespräch zu hinterfragen. Aussagen, die Ihnen über die Art der Formulierung Hinweise auf die Führungs- und Unternehmenskultur des Unternehmens geben, sind z.B. die in der folgenden Checkliste aufgeführten.

Checkliste: Führungs- und Unternehmenskultur

Was	ja	nein
Kundenorientierung:		
Im Dienst unserer Kunden		
Entwicklungen für unsere Kunden		
Engagement für unsere Kunden		
Marktorientierung:		
Auf den Markt ausgerichtet		
Innovativ		
Flexibel		
Leistungsorientierung:		
Einsatzbereitschaft		
Arbeiten in Teams		
Arbeiten in Projekten		
Persönliche Perspektiven:		
Entwicklungschancen		
Aus- und Weiterbildung		
Technisch neuster Stand:		
Technische Entwicklungen		
Qualitätsniveau		

Welchen Wert die Aussagen für die Unternehmenskultur haben, können Sie daran erkennen, wie sie in den schriftlichen Materialien genannt und betont werden:

- Werden Sie überhaupt genannt?
- In wie vielen verschiedenen Materialien werden sie genannt?
- Wie werden sie beschrieben (hohe, maximale, solide etc.)?

Experten-Tipp:
Verbessern Sie Ihre Entscheidungsbasis

Jede Information, die Sie über das Unternehmen bekommen, verbessert Ihre Basis für die Entscheidung, die Sie selbst im Bewerbungsprozess treffen müssen: Die Entscheidung, ob dieses Unternehmen für Sie zukünftig der richtige Arbeitgeber ist. Dafür sollten Sie das Unternehmen so gut wie möglich kennen.

2. Was muss ich für das Gespräch selbst vorbereiten?

> **Praxis-Beispiel:**
> **Gut organisiert**
>
> Rundum gut informiert macht sich Lara K. an die konkrete Zeitplanung für den Tag des Vorstellungsgesprächs. Zu spät kommen möchte sie nicht. Dann überlegt sie, was genau sie anziehen möchte, damit ihr Auftritt komplett wird.
>
> Kleider machen bekanntlich Leute!

Es kann ernst werden. Sie haben sich hinsichtlich Ihrer Argumentationsstrategie und inhaltlichen Flexibilität auf alle Themen, die Ihre Person und Ihr Interesse am Unternehmen betreffen, gut vorbereitet. Im nächsten Schritt geht es um sehr viel konkretere Fragen:

- Wann und wo ist das Gespräch?
- Wie viel Zeit benötige ich für das Gespräch, An- und Abreise?
- Wie will ich mich selbst präsentieren und welches Outfit wähle ich?

Was sollte ich bei der Zeit- und Reiseplanung beachten?

> **Experten-Tipp:**
> **Seien Sie unbedingt pünktlich**
>
> Für Ihr Vorstellungsgespräch gilt wie für alle wichtigen und entscheidenden Termine: Seien Sie pünktlich und ausgeruht!

Wenn Sie die Einladung zum Vorstellungsgespräch erhalten, ist Ihre erste Aufgabe zu prüfen, ob Sie den Termin einhalten können oder ob es einschränkende oder sogar verhindernde Terminüberschneidungen gibt. Vielleicht müssen Sie zwischen zwei Terminen entscheiden. Setzen Sie die richtigen Prioritäten. Wenn Sie feststellen, dass Sie den vorgeschlagenen Termin aufgrund anderer Verpflichtungen nicht wahrnehmen können, setzen Sie sich sofort mit dem einladenden Unternehmen in Verbindung.

Wenn Sie den Termin verschieben müssen

Es gibt sicher günstigere Vorzeichen für Ihr Gespräch, als den persönlichen Kontakt mit einer Terminverschiebung zu beginnen. Aber wenn Sie z.B. noch in einem festen Beschäftigungsverhältnis stehen, wird Ihr Gegenüber bei wichtigen Gründen Verständnis haben. Nennen Sie den Grund Ihrer Verhinderung. Er sollte aber wirklich plausibel und wichtig sein. Dienstliche Verpflichtungen sind dies in der Regel.

Private Freizeittermine werden kaum Akzeptanz und Zustimmung finden. Sie setzen damit eher das Signal, dass Ihnen Ihre Freizeit wichtiger ist. Da liegt die Vermutung nahe, dass Sie auch in einem bestehenden Arbeitsverhältnis gleiche Prioritäten setzen. Keine guten Vorzeichen für Ihre Einstellung.

Wenn Sie den Termin verschieben müssen, prüfen Sie vor dem Telefongespräch mögliche Alternativtermine. Diese können Sie dem Unternehmen vorschlagen. Damit verdeutlichen Sie, dass Sie ein ernsthaftes Interesse haben und sich selbst für eine möglichst baldige Realisierung des Termins einsetzen.

Bedenken Sie vor einer Terminverschiebung, dass eventuell mehrere Personen (Vertreter der Fachabteilung, der Personalabteilung und je nach Position Geschäftsführung oder Vorstand) an dem Termin mit Ihnen teilnehmen wollen. Mit diesen Personen einen neuen gemeinsamen Termin zu finden ist für ein Unternehmen häufig mit viel Aufwand verbunden.

Sollte es Ihnen gelingen, bereits am Telefon einen neuen Termin zu vereinbaren, bestätigen Sie ihn von sich aus mit einem kurzen Schreiben. Ist telefonisch noch keine Terminvereinbarung möglich, bitten Sie um eine kurze schriftliche Bestätigung des neuen Termins, sobald eine Entscheidung gefallen ist.

Termin bestätigen

Auch wenn der vorgeschlagene Termin für Sie gut passt, sollten Sie ihn dem Unternehmen kurz bestätigen. Das geht sowohl telefonisch als auch per Post oder heute auch per E-Mail, wenn eine entsprechende Kontaktadresse angegeben ist.

Entscheiden Sie sich für den Postweg, beachten Sie bitte die logistischen Zustellungszeiten. Gerade in großen Unternehmen oder Konzernen können Sie auf die normale Posttransportzeit noch einmal ein bis zwei Tage für die interne Zustellung rechnen.

Prüfen Sie rechtzeitig, ob Sie aufgrund der notwendigen Anreise- und Gesprächszeiten Urlaub beantragen müssen. Erledigen Sie dies frühzeitig, um sicher zu sein, dass Ihnen nichts mehr dazwischen kommt.

Experten-Tipp:
Handeln Sie schnell

Verlegen Sie andere für diesen Termin eigentlich geplante Aktivitäten und Verpflichtungen so schnell möglich. Dann können Sie sich in Ruhe auf Ihr Gespräch vorbereiten.

„Wer zu spät kommt, den bestraft das Leben"

Diese Volksweisheit gilt ohne Einschränkung für Vorstellungsgespräche. Ihr Vorstellungsgespräch ist Ihr erstes Arbeitsgespräch. Merken Sie sich einfach, dass alle Informationen, die Ihre Gesprächspartner über Sie erhalten, zu dem Eindruck, den sie von Ihnen gewinnen, aufsummiert werden. Sehr frühe oder erste Eindrücke wiegen dabei häufig schwerer als spätere. Wenn Sie zu spät kommen, haben Sie je nach Empfindlichkeit Ihres Gesprächspartners ohne jeden persönlichen Kontakt bereits Punkte auf der Minusseite gesammelt. Diese Last können Sie vermeiden. Ihre Entschuldigung für Ihr Zuspätkommen ist ein denkbar schlechter Gesprächseinstieg.

Planen Sie An- und Abreise- sowie Gesprächszeiten sehr großzügig. Sicher kann immer mal etwas Unvorhergesehenes passieren. Dafür wird jeder Verständnis haben. Trotzdem: Jede Verspätung verschlechtert Ihre Ausgangssituation. Einen ähnlich negativen Eindruck werden Sie hinterlassen, wenn Sie im Verlauf des Gesprächs unter Zeitdruck geraten, weil Sie noch andere Verpflichtungen haben.

Die folgende Checkliste hilft Ihnen, alle wesentlichen Aspekte Ihrer Zeit- und Streckenplanung zu beachten. Nutzen Sie sie, um pünktlich und frisch im Unternehmen anzukommen.

Checkliste: Zeit- und Streckenplanung

Welches Verkehrsmittel?		
Auto:		
Entfernungskilometer	Km	Std.
Landstraße	Km	Std.
Autobahn	Km	Std.
Innerstädtisch	Km	Std.
Flugzeug	Ticket	Abflugzeiten
Bahn	Fahrkarte	Abfahrtzeiten

Zeitliche Sicherheitsreserve (je nach Entfernung, 1/2 bis 1 Stunde, bedenken Sie auch Wegzeiten im Unternehmen)	(Stau, Zug- und Flugverspätung, Verzögerungen für die Suche etc.) Std.
Geplante Gesprächszeiten (in der Regel 1-2 Std.)	Std.
Notwendigkeit von Übernachtungen	Zimmerreservierung
Ersatzkleidung (wenn es sehr heiß ist und Sie sitzen lange im Auto etc., sehen Sie zerknautscht, aber nicht besonders frisch aus)	
Verpflegung für unterwegs	

Experten-Tipp:
Vermeiden Sie selbst geringe Verspätungen
Selbst wenn Sie nur zehn Minuten zu spät kommen, wird dies als Zeichen von Unzuverlässigkeit ausgelegt. Das können Sie sich ersparen.

Kennen Sie die Situation? Sie warten auf jemanden, der zu spät kommt. Sie können nichts Vernünftiges mehr anfangen, weil Sie damit rechnen, jeden Moment wieder damit aufhören zu müssen. Und während Sie warten, werden Sie langsam, aber sicher immer ungehaltener und ungehaltener.

Ähnlich kann es Ihren Gesprächspartnern im Unternehmen gehen. Wenn Sie also schon zu spät kommen, informieren Sie Ihre Gesprächspartner umgehend von Ihrer Verspätung und der Situation, in der Sie sich gerade befinden, und geben Sie an, wann Sie da sein werden. Damit ermöglichen Sie den anderen, die verbleibende Zeit aktiv und sinnvoll zu nutzen.

Es kann natürlich sein, dass Ihre Gesprächspartner noch nachfolgende Terminverpflichtungen haben, vielleicht sogar mit weiteren Bewerberinnen oder Bewerbern. Das heißt, Ihre Verspätung geht von Ihrer Gesprächszeit ab. Sie schränken damit Ihre Möglichkeiten, sich optimal zu präsentieren, ein. Planen Sie lieber großzügig. Wenn Sie deutlich zu früh sind, gönnen Sie sich einen Kaffee in der Nähe der Firma und schauen Sie Ihre Unterlagen noch einmal durch.

> **Experten-Tipp:**
> **Fit, ausgeruht und schlagfertig**
>
> Zur Ihrer Zeitplanung gehört auch, dass Sie am Abend vor dem Gespräch rechtzeitig ins Bett gehen. Eine Party ist an diesem Abend nicht unbedingt die richtige Freizeitbeschäftigung. Nur gut ausgeschlafen sind Sie aufmerksam, reaktionsschnell und schlagfertig. Es geht um Ihren Job.

Wie Sie Ihre Route planen

Ihre Streckenplanung organisieren Sie am besten schon von zu Hause aus. Das Internet macht es Ihnen hier leicht. Sie können entweder das Stichwort „Routenplaner" in einer Suchmaschine recherchieren lassen oder Sie nutzen direkt einen Routenplaner, der im Internet frei zugänglich ist. Routenplaner finden Sie z.B. unter folgenden Adressen:

- www.reiseplanung.de
- www.here.com

Auch über diese Adressen gelangen sie zu Routenplanern, allerdings nicht direkt, sondern über entsprechende Links auf der jeweiligen Homepage:

- www.web.de
- www.msn.de
- www.abacho.de
- www.falk.de

Wie gehen Sie nun am besten vor? Nehmen wir an, Sie entscheiden sich für „reiseplanung.de".

Auf der Startseite des Anbieters können Sie sich zwischen verschiedenen Informationen zur Reisplanung entscheiden. Wählen Sie den Reiter „Routenplanung" und tragen Sie dann in die entsprechenden Felder Start- und Zielort ein. Wenn Sie mit der Maustaste auf das Feld „Weg anzeigen" klicken, erscheint eine detaillierte Wegbeschreibung von Ihrem angegebenen Start- bis zu Ihrem Zielort mit einer Kartenübersicht. Für die jeweiligen Teilstrecken werden zusätzlich die benötigten Kilometer und die durchschnittliche Zeitdauer angegeben. Unter der Wegbeschreibung befindet sich ein Link „Routenübersicht", unter dem Sie sich Ihre gewünschte Route ansehen können. Außerdem können Sie sich sowohl das Start- als auch das Zielgebiet im Detail betrachten.

Ein Routenplaner bietet viele Möglichkeiten zur Information, klicken Sie sich einfach durch! Zum Beispiel können Sie sich auch mögliche Staus auf Ihrer Strecke anzeigen lassen oder dieselbe Route mit der Bahn oder dem Flugzeug planen.

Alle Routenplaner funktionieren ähnlich. Dennoch lohnt es sich, einige Routenplaner zu vergleichen und sich den herauszusuchen, mit dem Sie am besten arbeiten können.

Kleider machen Leute: Was ziehe ich an?

Für die Wahl Ihrer Kleidung für Ihr Vorstellungsgespräch gibt es drei entscheidende Fragen:

- In welcher Branche bewerbe ich mich (konservativ oder modern, jung-dynamisch oder durch klassische Werte gekennzeichnet)?

- Für welche Position bewerbe ich mich (gewerblich, handwerklich, kaufmännisch, Sachbearbeitung oder leitende Position, Innen- oder Außendienst)?

- Ist die Position mit Geschäfts- und Kundenkontakten oder anderen Repräsentationspflichten verbunden?

Es gibt eigentlich nur ein Wort, das beschreibt, wie Sie richtig gekleidet sind: „angemessen". Aber was heißt „angemessen"?

Angemessenheit wird durch die Branche und die Position definiert. In der Werbebranche ist z.B. mehr eigener Stil erlaubt als in der Gastronomie. Als Sachbearbeiterin oder Sachbearbeiter im Innendienst werden andere Erwartungen an Ihre Kleidung gestellt, als wenn Sie sich auf eine Sekretariatsposition mit Kundenkontakt, als Außendienstmitarbeiter oder als Führungskraft bewerben. Ihre Kleidung beim Vorstellungsgespräch sollte deutlich machen, dass Sie sich der mit der Position verbundenen Verantwortung und Repräsentationspflichten bewusst sind.

> **Experten-Tipp:**
> **Positiven Eindruck erzeugen**
>
> Nutzen Sie die Chance, von Anfang an einen positiven Eindruck zu erzeugen und damit die Weichen in die richtige Richtung zu stellen. Der erste Eindruck entsteht in den ersten Augenblicken des Kontakts. Als Erstes wirkt Ihre äußere Erscheinung.

Angemessen heißt nicht unbedingt „mausgrauer Einheitsdress". Mit Ihrer Kleidung dürfen Sie durchaus Ihren eigenen Stil vertreten. Ihre Kleidung sollte auch zu Ihrem Typ passen. Trotzdem sind die Grenzen relativ eng. Und je höher die Position, desto enger werden die Regeln. Wenn Sie ein mehr jugendlich-agiler Typ sind und sich auf eine Repräsentations- oder Führungsaufgabe bewerben, können Sie als Mann mit Ihrer Krawatte Akzente setzen, ein Anzug ist aber unumgänglich.

Angemessen und passend gekleidet sind Sie, wenn Sie ein paar Regeln beachten.

Checkliste: Was ziehe ich an?

Was	ja	nein
Lieber over- als underdressed		
Im Normalfall klassisches Business-Outfit		
Hemd und Bluse eher als Pullover		
Knielanger Rock eher als kurzer Rock		
Alle Kleidungsstücke in tadellos sauberem und heilem Zustand		
Ausnahmen: EDV-Bereiche und Entwicklungsabteilungen, hier kann es auch der Pullover sein. Auch in kreativen Berufen besteht eine etwas größere Freiheit.		
Tattoos und Tätowierungen verdecken		
Piercings entfernen		

Sie kennen das: Auch die teuerste und angemessenste Kleidung verliert ihre Wirkung, wenn Sie zerknittert und verschwitzt bei Ihrem Vorstellungsgespräch erscheinen. Ein Faktor, der insbesondere im Sommer und auf längeren Strecken an Bedeutung gewinnt. Wie wäre es mit einem Ersatzhemd bzw. einer Ersatzbluse? Einen Ort zum Umziehen finden Sie ganz sicher aber bitte nicht erst im Unternehmen.

Werfen Sie rechtzeitig einen kritisch prüfenden Blick auf die von Ihnen für den Vorstellungstermin ausgewählten Kleidungsstücke. Vielleicht bringen Sie sie vorher noch einmal in die Reinigung.

Auch wenn es sich anhört, als würde Ihre Mutter mit Ihnen sprechen: Ihre Kleidung sollte gut sitzen. Der Anzug, der vor ein paar Jahren noch tadellos passte, ist heute vielleicht doch zu weit oder ein bisschen zu eng geworden. Zu weit oder zu eng, schlecht sitzende Kleidung kleidet Sie nicht gut. Und bei alledem: Sie sollten sich in Ihrer Kleidung wohl fühlen, sonst agieren Sie evtl. gehemmt oder aus dem Gefühl des Unwohlseins.

Personalentscheider in Unternehmen und Personalberater erleben eine ganze Menge, manchmal kann man es kaum glauben. Welchen Eindruck machen ungeputzte, schmutzige Schuhe auf Sie? Wie stehen Sie zu gerissenen und zusammengeknoteten Schnürsenkeln? Stimmt, sie sparen Kosten und sind ein echter Hingucker.

Apropos Schuhe: Turnschuhe sind zwar sehr bequem, in einem Vorstellungsgespräch haben sie jedoch nichts zu suchen. Sie wollen ja nicht Ihre Sportlichkeit beweisen.

Auch Jeans und T-Shirt (oder Sweatshirt/Pullover) sind für eine Nachwuchskraft und jede anspruchsvollere Position ungeeignet. Ziehen Sie ein Jackett Ihrer Freizeit- oder Lederjacke vor. Geben Sie Ihrer Lederhose einen Tag frei, am Abend darf sie wieder aus dem Schrank.

Folgende Checklisten fassen die wesentlichen Aspekte noch einmal zusammen.

Checkliste: Kleiderguide für Männer

Was	ja	nein
Sauberes, gebügeltes Oberhemd, keine zu auffälligen Farben oder Muster		
Eine dazu passende Krawatte (nicht das Modell aus Leder, Metall oder anderen experimentellen Materialien)		
Anzug oder Jackett (nicht übertrieben modisch, nicht zu farbig)		
Eine dazu passende Hose (frisch gebügelt, Kniff noch erkennbar)		
Eine dezente Aktentasche (Aktenkoffer) mit Ihren Unterlagen (natürlich sortiert)		
Gut geputzte, flache Schuhe (keine Stiefel, gerissene Schnürsenkel, abgelaufene Sohlen oder Absätze)		

	ja	nein
Keinen oder dezenten Schmuck (Krawattennadel), eher schlichte Uhr		
Keine Ohrringe		
Piercings entfernen und Tattoos verdecken		
Dezentes Rasierwasser		
Lange Haare zusammenbinden		
Frisch rasieren (den Dreitagebart finden nur die Damen in der Kneipe attraktiv)		

Checkliste: Kleiderguide für Frauen

Was	**ja**	**nein**
Dezente Bluse (möglichst nicht mit einem Ausschnitt bis zum Bauch und natürlich zu Rock oder Kostüm passend)		
Keine grellen Farben wie rot, giftgrün etc.		
Kleid, Rock, Kostüm oder Hosenanzug		
Keinen Minirock, knielang oder länger ist besser		
Bei Röcken auch im Sommer Strümpfe		
Passende Schuhe (keine hochhackigen Schuhe oder Stiefel bis zum Knie)		
Keinen oder nur dezenten Schmuck		
Piercings entfernen und Tattoos verdecken		
Dezentes Make-up, keine lackierten Fingernägel, keinen knallroten Lippenstift		

Lange Haare zusammengebunden		
Dezentes Parfüm		
Eine dezente Aktentasche oder großformatige Handtasche, passend für Ihre Unterlagen (keine kleine Handtasche und kein Koffer)		

Als Frau müssen Sie doppelt vorsichtig sein. Allzu schnell werden Sie in die falsche „Schublade" gesteckt. Wir meinen nicht, dass Sie als Aschenputtel gehen sollen, aber Sie wollen einen Job, sonst nichts. Also auch an heißen Sommertagen ist mehr bedeckte Haut besser als zu wenig.

Um sicher zu gehen, dass Sie das richtige Outfit für Ihr Vorstellungsgespräch gewählt haben, kontrollieren Sie sich selbst mit folgenden Fragen:

Checkliste: Selbstkontrolle Kleidung

Was	**ja**	**nein**
Ist meine Kleidung geeignet, das Unternehmen nach innen und/ oder außen zu repräsentieren?		
Wie wirkt jemand auf mich, der so gekleidet ist wie ich, und sich bei mir um einen Stelle als ... bewirbt?		
Wirke ich weiblich, aber nicht erotisch?		
Wirke ich männlich, aber nicht als Gigolo?		
Ist mein Parfüm nicht zu aufdringlich?		
Wirkt mein Schmuck dezent?		

Was tragen Sie auf Ihren Bewerbungsfotos? Ihre Selbstdarstellung auf Ihrem Bewerbungsfoto sollte der im Gespräch entsprechen. Das heißt, die Fotos, die Sie versenden, sollten neuen Datums sein und Ihre Kleidung im Stil derjenigen entsprechen, die Sie beim Vorstellungsgespräch tragen.

Fragen Sie Freunde, wie Sie wirken, ob irgendetwas übertrieben oder unpassend an Ihrer Kleidung und Gesamterscheinung ist. Und noch etwas: Vermeiden Sie unangenehme Gerüche.

- Wenn Sie starker Raucher sind, sollten Sie Ihre Kleidung über Nacht auf dem Balkon auslüften lassen. Bei einem Nichtraucher als Gesprächspartner könnten Sie sonst direkt ein negatives Gefühl hinterlassen, insbesondere wenn Ihr Vorstellungsgespräch morgens ist.

- Der Besuch beim Griechen mit dem leckeren Tsatsiki und Zwiebeln lässt sich auch auf den Abend nach dem Vorstellungsgespräch verschieben.

- Auch ein „Bierchen" zu viel am Abend wird von Ihrem Gesprächspartner (besonders bei geringem Abstand) sofort wahrgenommen und lässt evtl. unbegründete Vermutungen über Alkoholprobleme aufkommen.

- Vorsicht besonders bei alkoholhaltigen Mundwassern! Nach der Benutzung riecht man leicht nach Alkohol.

- Zu viel Parfüm und Eau de Toilette wirken leicht aufdringlich, besonders bei süßen und schweren Düften.

Welche Unterlagen brauche ich für mein Vorstellungsgespräch?

Die folgende Checkliste gibt Ihnen einen Überblick darüber, was Sie sicherheitshalber in Ihre Tasche stecken sollten. Am besten legen Sie sich die Sachen am Abend vorher zurecht. Dann müssen Sie morgens nicht suchen, sondern haben Zeit und die nötige Ruhe, sich auf das Gespräch vorzubereiten.

Checkliste: Unterlagen für das Gespräch

Was	ja	nein
Adresse des Unternehmens, Name und Telefonnummer Ihres Ansprechpartners		
Unterlagen, um die Sie im Einladungsschreiben gebeten wurden		
Sonstige bisher noch nicht eingereichte Unterlagen für das Unternehmen		
Die eigenen Bewerbungsunterlagen		
Wegbeschreibung, Anfahrtsskizze		
Einladungsschreiben zum Vorstellungsgespräch (sonstigen wichtigen Schriftverkehr mit dem Unternehmen)		
Notiz-Block (DIN A4/DIN A3) und zwei funktionierende Stifte		
Ihre vorbereiteten Fragen an das Unternehmen		
Ihre persönlichen Datenblätter (Kompetenzblätter, Kompetenzprofil etc.)		
Kalender		
Visitenkarten		
Informationsmaterial/Unterlagen über das Unternehmen		
Arbeitsproben (können nützlich sein, wenn Sie in einem kreativen Beruf tätig sind, z.B. Marketing, Werbung)		

**Experten-Tipp:
Praktisch und übersichtlich**

Am besten heften Sie Ihre Unterlagen in einen Schnellhefter oder nutzen eine Einlegemappe. Dann haben Sie alles übersichtlich und schnell zugriffsbereit.

3. Welche Informationen sollte ich im Gespräch erfragen?

> **Praxis-Beispiel:**
> **Gemeinsame Werte und Ziele**
>
> Frank L. hat auf der Zugfahrt noch genügend Zeit, sich konkrete Fragen zurechtzulegen, mit denen er erkunden möchte, ob die zu besetzende Stelle zu ihm passt. Er überlegt, was ihm an seinem künftigen Arbeitsplatz besonders wichtig ist. Gemeinsame Werte und Ziele liegen ihm für die gemeinsame Zusammenarbeit sehr am Herzen.

Wir haben bereits betont, dass auch Sie eine Entscheidung für oder gegen einen neuen Arbeitgeber treffen müssen. Dies können Sie nur, wenn Sie über möglichst viele Informationen über das Unternehmen verfügen.

Jedes Unternehmen verfolgt im Vorstellungsgespräch immer auch das Ziel, sich als attraktiver Arbeitgeber darzustellen. So wie Sie sich überlegen, wie Sie sich am besten darstellen, wird auch das Unternehmen primär seine guten Seiten darstellen und Ihnen nicht erzählen, was vielleicht nicht so gut läuft. Um eine breite Entscheidungsbasis zu haben, müssen Sie sich auch aus diesem Grund im Vorfeld eigenverantwortlich informieren.

Darüber hinaus erwarten Ihre Gesprächspartner von Ihnen, dass Sie sich über das Unternehmen informiert haben und über grundlegende Informationen bereits verfügen. Es ist ein Zeichen der Wertschätzung und des Interesses am Unternehmen, wenn Sie über einen gewissen Informationsstand verfügen. Ihre Fragen für das Vorstellungsgespräch sollen dann einen ergänzenden Charakter haben.

> **Experten-Tipp:**
> **Richtige Fragen stellen**
>
> Bedenken Sie: Intelligente Fragen kann man häufig erst stellen, wenn man schon jede Menge weiß. Die Haltung: „Um das zu erfahren, bin ich doch heute hier", bringt Sie nicht weiter, sondern schnell ins Abseits. Die Qualität Ihrer Fragen signalisiert den Grad Ihres Interesses am Unternehmen und Ihre Bereitschaft, sich eigenverantwortlich einzusetzen.

Die Frage: „Was möchten Sie von uns wissen?" wird mit hoher Wahrscheinlichkeit gestellt. Ganz ehrlich, wenn Sie jemanden einstellen wollten und derjenige fragte an dieser Stelle: „Was stellen Sie denn eigentlich alles her?" - welchen Eindruck machte das auf Sie? Natürlich dürfen Sie nach der Produktpalette fragen, aber bitte auf einer soliden Grundlage selbst erarbeiteten Wissens.

> **Praxis-Beispiel:**
> **Wie Sie antworten können**
>
> Viel besser ist es, wenn Sie auf diese oder ähnliche Fragen wie folgt antworten:
>
> „Aus den mir vorliegen Informationen - ich habe Ihre Marketingbroschüren gelesen und mich zusätzlich im Internet über die Produkte informiert - ist mir bekannt, das Ihre Produktpalette... umfasst. Mich interessiert, ob es neben diesen Hauptprodukten noch weitere Produkte gibt, die Sie Ihren Kunden anbieten."

Überzeugen Sie Ihre Gesprächspartner dadurch, dass Sie zeigen, dass Sie sich bereits im Vorfeld intensiv mit dem Unternehmen auseinander gesetzt haben.

Meine Erwartungen, Wünsche und Ziele für die neue Position

Um anhand der Ihnen vorliegenden Informationen eine Entscheidung für oder gegen ein Unternehmen als neuen Arbeitgeber treffen zu können, müssen Sie die vorhandenen Informationen mit Ihren Wünschen und Erwartungen an einen Arbeitgeber abgleichen können.

Vor der Informationssuche steht also die Analyse der eigenen Erwartungen. Nehmen Sie sich die Zeit zu überlegen, was Ihre Erwartungen und Wünsche an einen neuen Arbeitgeber sind. Die folgende Checkliste wird Ihnen dabei behilflich sein. Nutzen Sie die aufgeführten Fragen als Leitfragen, um herauszufinden, was Ihnen wirklich wichtig ist.

Checkliste: Meine Erwartungen und Wünsche

Welche Erwartungen habe ich an das Unternehmen?	
Gibt es Einschränkungen bei der Unternehmenswahl hinsichtlich Branche, Produkte und Dienstleistungen?	
Welche Wünsche habe ich an meine neue Position, an die zu übernehmenden Aufgaben, an die mir übertragene Verantwortung, Entscheidungsfreiheit etc.?	
Was ist mir hinsichtlich zukünftiger Kollegen und Vorgesetzter besonders wichtig?	
Was ist mir für meine berufliche Entwicklung in der neuen Position besonders wichtig?	

Gibt es Rahmenbedingungen, die erfüllt sein sollten oder müssen?	
Habe ich bestimmte Anforderungen an die Vertragsgestaltung?	
Welche Anforderungen sollte das Umfeld (Wohnort) erfüllen?	
Weitere Wünsche und Anforderungen	

Häufig können Sie die Entscheidung aber nicht allein nur für sich treffen, sondern müssen die Interessen Ihres Lebenspartners bzw. Ihrer Lebenspartnerin oder der Familie mit berücksichtigen. Sprechen Sie vorher mit Ihrem Partner bzw. Ihrer Familie. Wie steht Ihre Familie z.B. zu einem Umzug? Vielleicht haben Sie sich als Frau in den letzten Jahren um die Familie gekümmert:

- Wie steht Ihre Familie zu einer Berufstätigkeit von Ihnen?
- Wie viel Zeit und Kraft können Sie in Ihren Beruf investieren?
- Wie viel Fahrzeit zusätzlich zur Arbeitszeit können Sie investieren?
- Wie flexibel sollten Ihre Arbeitszeiten sein?

Die aufgeführten Fragen und weitere Aspekte, die für Sie von Bedeutung sind, sollten Sie im Vorfeld so weit wie möglich klären. Offene Fragen nehmen Sie dann mit ins Vorstellungsgespräch. Nur so können Sie überprüfen, ob Ihre Erwartungen in einem Unternehmen erfüllt werden.

Die nachfolgenden Checklisten bieten Ihnen eine Reihe weiterführender Fragen, die Sie dabei unterstützen, Ihre persönliche Situation im Vorfeld richtig einzuschätzen.

Checkliste: Meine persönliche Situation

Wie stehen ich und meine Familie zu einem Wohnortwechsel?	
Welche Anforderungen der Familie bestehen hinsichtlich des Umfelds (Kindergarten, Schulen, Freizeitaktivitäten, Vereine etc.)?	
Wie hoch ist meine Mobilität und die meiner Familie (BRD, Europa usw.)?	
Besitze ich Grundbesitz? Will und kann ich ihn verkaufen?	
Gibt es sonstige, außerfamiliäre Bindungen an den Wohnort?	
Welche mir wichtigen Engagements (Vereine, Kirche usw.) habe ich? Bin ich bereit, diese aufzugeben?	
Bin ich bereit, viel unterwegs zu sein? Wenn ja, in welchem Ausmaß?	
Welche persönlichen Lebensziele habe ich? Kann ich diese auch in der neuen Position weiterverfolgen?	
Welche Ziele will ich in der neuen Position erreichen (finanziell, hierarchisch usw.)?	
Welchen privaten Lebensstandard will ich erreichen?	
Welche Erwartungen habe ich an meine berufliche Weiterentwicklung?	

Meine Erwartungen/Wünsche an eine neue Position	
Was ist mir hinsichtlich Unternehmensphilosophie, Unternehmens- und Führungskultur besonders wichtig?	
Welche Tätigkeiten/Aufgaben sollte meine Position auf jeden Fall umfassen/ auf keinen Fall umfassen?	
In welchen Bereichen möchte ich Entscheidungskompetenz haben und Verantwortung übernehmen?	
Welche Erwartungen habe ich hinsichtlich meiner Kollegen (Ausbildung, Alter usw.)?	
Wie wünsche ich mir die Einarbeitung?	
Welche Erwartung habe ich an die innerbetrieblichen Fort- und Weiterbildungsmöglichkeiten?	
Welche Gehaltsvorstellungen habe ich für meine nächste Position?	
Welche Erwartungen habe ich hinsichtlich anderer Sozialleistungen des Unternehmens?	
Welche Erwartungen habe ich hinsichtlich meiner Arbeitszeiten?	
Wann kann ich frühestens in der neuen Position beginnen?	

Checkliste: Was ist mir hinsichtlich des Unternehmens wichtig?

	Wichtig	Nicht wichtig	Begründung/ Anmerkung
Großunternehmen (mehr als 1.000 Mitarbeiter)			
Mittelständisches Unternehmen (100-1.000 Mitarbeiter)			
Kleinunternehmen (weniger als 100 Mitarbeiter)			
Junges Unternehmen			
Etabliertes Unternehmen			
Klar definierte Unternehmensziele			
Engagement im Umweltschutz			
Image des Unternehmens			
Moderne Arbeitsformen (Team-, Gruppen-, Projektarbeit)			
Betriebsklima			

Welche Fragen sind noch offen?

Nach der Informationssammlung geht es darum zu schauen, welche Fragen noch nicht beantwortet werden konnten und wo Sie noch Informationen benötigen. Die unbeantworteten Fragen und Aspekte, die über die Checklisten hinausgehen, bilden die Basis für Ihre Fragen an das Unternehmen.

> **Experten-Tipp:**
> **Mit Fragen Wissen absichern**
>
> Überlegen Sie, welche Fragen Sie gar nicht beantworten konnten und bei welchen Ihnen noch bestimmte Aspekte unklar sind. Zum Teil reichen dann absichernde Kontrollfragen. Diese machen deutlich, dass Sie sich bereits intensiv mit dem Unternehmen auseinander gesetzt haben.

- Welche Fragen konnte ich aus dem mir vorliegenden Informationsmaterial nicht decken?
- Wo bestehen noch Unklarheiten?
- Welche Fragen habe ich hinsichtlich meiner Aufgaben und Perspektiven im Unternehmen?

Es gibt Fragen, mit denen Sie Ihr Interesse an dem Unternehmen verdeutlichen können, aber auch Fragen, die potenziellen Arbeitgebern eher signalisieren, dass Sie primär Ihre persönlichen Interessen absichern wollen. Seien Sie im ersten Gespräch vorsichtig mit Fragen wie:

- Wie sind die Arbeitszeiten?
- Muss ich Überstunden machen?
- Werden Überstunden bezahlt oder als Freizeit ausgeglichen?
- Wie viel Urlaub bekomme ich?

usw.

Das heißt nicht, dass Sie nicht nach Arbeitszeiten etc. fragen dürfen. Gehalt, Urlaub, Sozialleistungen und Arbeitszeiten sind wichtige Vertragsbestandteile und müssen besprochen werden. Entscheidend ist die Art und Weise Ihrer Fragen und der Zeitpunkt, zu dem Sie diese stellen. Fragen zu vertraglichen Inhalten klären Sie am besten erst gegen Ende des Gesprächs oder wenn die Unternehmensvertreter von selbst diese Aspekte ansprechen. Einige Fragen haben wir nachfolgend exemplarisch für Sie zusammengestellt:

Erwartungen/Anforderungen an einen neuen Mitarbeiter

- Welche Erwartungen haben Sie an Ihren neuen Mitarbeiter?

- Was wünschen Sie sich ganz besonders von Ihrem neuen Mitarbeiter?

Fragen zur Position

- Was sind die Kernaufgaben der Position?

- Welche Tätigkeiten sind im Einzelnen von mir zu erledigen?

- Wie ist die zu besetzende Position organisatorisch eingebunden?

- Welche Entscheidungskompetenzen sind mit den Aufgaben und der Position verbunden?

- Warum wird die Position neu besetzt?

- Wie oft wurde die Position in den letzten fünf Jahren neu besetzt?

Fragen zu Kollegen, Vorgesetzten, Mitarbeitern

- Wie viele Kollegen sind im Team?

- Mit wem würde ich direkt zusammenarbeiten? Besteht die Möglichkeit, die Kollegin/den Kollegen kennen zu lernen?

- Wie viele und welche Mitarbeiter sind mir zugeordnet?
- Wer ist mein Vorgesetzter?

Fragen zur Personalentwicklung

- Erfolgen in Ihrem Unternehmen Mitarbeiterbeurteilungen? Welches sind die Beurteilungskriterien für diese Position?
- Welche Entwicklungsmöglichkeiten bestehen für diese Position?
- Welche Aufstiegschancen bestehen in Ihrem Unternehmen?
- Werden offene Stellen betriebsintern besetzt?

Fragen zur Vertragsgestaltung

- Wann ist der nächstmögliche Eintrittstermin?
- Wie lang ist die Probezeit?
- Gibt es in Ihrem Unternehmen für diese Position leistungsbezogene Vergütungsanteile?
- Wie setzen sich feste und variable Vergütung zusammen?
- Mit welchen Gehaltsentwicklungen kann ich rechnen?
- Wie sind die Regelarbeitszeiten?
- Werden Umzugskosten erstattet?
- Wie viele Urlaubstage stehen mir zur Verfügung?

Experten-Tipp:
Fragenkatalog

Erstellen Sie sich für jedes Unternehmen einen Fragenkatalog, den Sie auch im Gespräch griffbereit haben. Es kann von Vorteil sein, sich eine grundlegende Fragensammlung anzulegen und sich für jedes Gespräch eine unternehmensspezifische Liste zu erstellen, die Sie dann mitnehmen. Sie enthält Fragen, die in jedem Unternehmen, und solche, die nur für dieses Unternehmen von Interesse sind.

4. Wie ist die Struktur eines Vorstellungsgesprächs?

> **Praxis-Beispiel:**
> **Den Gesprächsablauf mitgestalten**
>
> Um die Zahl der Überraschungen während des Vorstellungsgesprächs zu reduzieren, schaut Matthias R. sich zuvor Informationsmaterial über die Gesprächsphasen beim gegenseitigen Kennenlernen an. Mit Hilfe dieses Wissens wird es ihm besser gelingen, seine eigenen Beiträge an den Gesprächsverlauf anzupassen oder diesen ein wenig mitzubestimmen. Er möchte zum Beispiel nicht über das Gehalt reden, wenn die Rahmenbedingungen der Stelle noch nicht klar sind.

Das Vorstellungsgespräch ist für Sie eine in der Regel ungewohnte Situation, in der es für Sie um viel geht. Nicht zu wissen, wer einem begegnen wird, was für eine Atmosphäre man vorfinden wird und ob man von sich überzeugen kann, erzeugt Stress. Ein bisschen Stress ist sicherlich ganz gut. Ihr erhöhter Adrenalinspiegel macht Sie aufmerksamer und schneller. Wenn Sie aber zu sehr unter Anspannung stehen, wird das Ihre Leistungsfähigkeit und Selbstdarstellung sicherlich beeinträchtigen.

Um Ihnen etwas mehr Sicherheit zu geben und damit den erlebten Stress zu reduzieren, stellen wir Ihnen nachfolgend die typischen Phasen eines Vorstellungsgesprächs vor. Wenn Sie diese Fragen durchgehen, haben Sie so viele Antworten gefunden, dass Ihnen eigentlich nicht mehr viel passieren kann. Sie werden alle Fragen sicher beantworten können, auch wenn Ihr Gesprächspartner ganz anders als hier vorgestellt vorgeht.

Bei den nachfolgend aufgeführten Phasen orientieren wir uns daran, was wir Führungskräften aus Unternehmen in unseren Trainings zu Personalauswahlgesprächen empfehlen. Auch in unseren Seminaren können wir immer wieder erleben, dass es keinen wirklichen Standard für Bewerbergespräche gibt. Bei den täglich in Unternehmen geführten Einstellungsgesprächen entwickeln die Verantwortlichen ihren eigenen Stil, ihre eigene Vorgehensweise. Das ist in den meisten Fällen auch gut so. Aber es bedeutet für Sie: Niemand kann sagen, es wird so oder so laufen. Beschreibbar ist nur der ungefähre Verlauf der Gespräche. Alles Weitere wird von den Gesprächspartnern geprägt.

Die Gesprächsführung liegt beim Unternehmensvertreter und Sie sollten auch nicht versuchen, sie zu übernehmen. Aber Sie können durch Ihr eigenes Verhalten den Verlauf des Gesprächs mitgestalten. Sie nehmen durch Ihre Ausführungen und Fragen Einfluss auf den Gesprächsverlauf.

Wie stark Sie Einfluss nehmen können, ist sehr abhängig von Ihrem Gesprächspartner. Personalentscheider haben - wie die meisten Menschen das Bedürfnis, selbst viel zu reden. Fragen und Zuhören ist in der Regel viel schwieriger, als selbst zu reden, und so ist erklärbar, warum die Verteilung der Gesprächsanteile von 70:30 zugunsten des Bewerbers - d.h. Ihnen sind eigentlich 70 Prozent der Gesprächszeit zugedacht - so häufig nicht eingehalten wird. In der Praxis liegen die Redeanteile der Personalentscheider deutlich höher.

Experten-Tipp:
Keine Monologe, sondern abwechslungsreiche Selbstdarstellung

Ihre Vorbereitung wird Ihnen helfen, in der Ihnen zur Verfügung stehenden Zeit eine abwechslungsreiche Selbstpräsentation zu gestalten. Lassen sie sich nicht dazu verleiten, in lange Monologe zu verfallen. Ihre Ausführungen müssen spannend und interessant sein.

Die typischen Phasen eines Vorstellungsgesprächs

Vorstellungsgespräche sind in der Regel durch verschiedene Gesprächsphasen gekennzeichnet. In den einzelnen Phasen stehen verschiedene Informationsschwerpunkte im Vordergrund. Die einzelnen Phasen werden nicht immer exakt dem aufgezeigten Ablauf folgen. Zum Teil wird eine klare Abgrenzung der Phasen für Sie nicht erkennbar sein.

Da Sie sich sehr gut auf das Gespräch vorbereitet haben, sind Sie in der Lage, sich flexibel auf Ihre Partner einzustellen. Für Sie spielt es dank Ihrer guten Vorbereitung keine Rolle, worüber zuerst gesprochen wird.

Die Gesprächsphasen lassen sich wie folgt beschreiben:

- Kontaktphase/Warm-up (Smalltalk, erstes Einschätzen des Gesprächspartners)

- Kurzvorstellung des Unternehmens (erfolgt nicht immer schon an dieser Stelle)

- Selbstdarstellung des Kandidaten (Lebenslauf, berufliche Entwicklung)

- Vertiefende Fragen

    - Ausbildung, Studium, Berufstätigkeit, Unklarheiten aus den Bewerbungsunterlagen

    - Interessen, Perspektiven

    - Wechselmotivation

- Fragen zu spezifischen Kompetenzen

- Detaillierte Beschreibung der Position und des Unternehmens

- Fragen der Bewerber/innen

- Information zum Beschäftigungsvertrag (zum Teil erst im zweiten Gespräch)

- Gesprächsabschluss (Absprache des weiteren Vorgehens)

> **Experten-Tipp:**
> **Chancen nutzen**
>
> In jeder Phase gibt es Chancen für eine erfolgreiche Selbstdarstellung. Bei schlechter Vorbereitung können aus Chancen aber auch schnell Gefahrenquellen werden.

Nachfolgend werden wir auf die verschiedenen Phasen eingehen und Ihnen verdeutlichen, was in welcher Phase für Ihre erfolgreiche Selbstdarstellung notwendig ist.

Phase 1: Kontaktphase und Warm-up

Jedes normale Gespräch, insbesondere aber Gespräche unter Fremden, beginnen mit einem Warm-up. Im Rahmen Ihrer Vorstellungsgespräche beginnt die Kontaktphase entweder, wenn Sie am Empfang abgeholt werden, oder wenn Sie das Büro Ihres Gesprächspartners betreten. Der kurze erste und meist belanglose Smalltalk dient einem ersten „Abtasten" des Gesprächspartners: „Wer bist du? Wie wirkst du auf mich?", und der beiderseitigen Einstimmung auf das Gespräch. Von der unproblematischen Anreise über die Wegbeschreibung und Verkehrssituation bis zum Wetter kann alles angesprochen werden. In der Einstiegsphase stehen nicht gezielte Informationen im Vordergrund. Ziel Ihrer Gesprächspartner ist, Ihnen ein wenig die Anspannung zu nehmen und einen positiven Kontakt aufzubauen. Trotzdem passiert hier etwas sehr Wesentliches, was das Gespräch bereits in die eine oder andere Richtung lenken kann: Der erste Eindruck wird gebildet.

> **Experte-Tipp:**
> **Entscheidender erster Eindruck**
>
> Lassen Sie sich mit dem netten Smalltalk nicht darüber hinwegtäuschen, dass dieser Moment ein entscheidender ist. Es ist der Moment des „ersten Eindrucks". Alle Gesprächspartner bilden sich eine erste Meinung voneinander.

Wie Sie sich verhalten sollten

So wie Sie bereits nach wenigen Minuten über Sympathie entscheiden, tut dies auch Ihr Gesprächspartner. Für Sie heißt das:

- Gehen Sie positiv und offen auf Ihre Gesprächspartner zu.

- Verhalten Sie sich locker und natürlich, ohne dabei zu überziehen.

- Wahren Sie die Regeln der Höflichkeit und Rücksichtnahme.

- Seien Sie freundlich und zuvorkommend.

- Seien Sie also von Anfang an aktiv und gestalten Sie mit.

- Treten Sie dem andern nicht zu nahe, wahren Sie die Distanzzonen.

Exkurs: Distanzzonen

- Die intime Distanzzone reicht bis zu 60 Zentimeter um Sie herum. Hier befindet man sich in der Intimzone des anderen und hat körperlichen und häufig intensiven Blickkontakt. Vertrautheit wird signalisiert. Bei „gezwungener" Nähe (U-Bahn, Fahrstuhl) meidet man den Blickkontakt - man „über"sieht den anderen im wahrsten Sinne des Wortes - und fühlt sich unbehaglich. Bewegung findet kaum statt, es sei denn, man dreht sich von dem anderen weg. Ein nicht ausdrücklich gestattetes Eindringen in diese Zone durch Berührung kann Ablehnung und Aggression hervorrufen.

- Die persönliche Distanzzone liegt zwischen 60 Zentimetern und einem Meter. Sie erlaubt z.B. die Begrüßung per Handschlag; dieser wird meist erst dann als unangenehm empfunden, wenn er zu dicht - quasi Nase an Nase – stattfindet.

- Die persönliche Distanz wird in der Regel zwischen Freunden und Bekannten eingehalten. Man schaut sich an und ist einander zugewandt. Man signalisiert die Aufforderung zu einem Gespräch.

- Die gesellschaftliche Distanz beträgt 1,20 bis etwa 3,60 Meter. Diese Distanz besteht zwischen Menschen, die in sozialen Funktionen miteinander kommunizieren (wie z.B. Chef und Mitarbeiter, Beamter und Antragsteller usw.).

- Die öffentliche Distanz beträgt über 3,60 Meter. Dieser Abstand wird z.B. bei Theateraufführungen oder Vorlesungen an der Universität eingehalten und demonstriert die Rollendistanz zwischen Vorführer und Publikum. Ein andauernder Blickkontakt ist hier die einzige Möglichkeit, in Kontakt zu bleiben und Interesse zu signalisieren.

Wie Sie die ersten Augenblicke nutzen können

Seien Sie bereits in dieser Phase aufmerksam und wachsam: Sie können schon jetzt wesentliche Eindrücke aufnehmen:

- Wie stellt sich das Unternehmen für mich dar?

- Wie gehen die Gesprächspartner miteinander um?

- Bieten sich Gesprächsaufhänger, auf die ich später zurückkommen kann?

- Wer ist mein Gegenüber?

- Wie wirkt er auf mich?

- Wie kann ich ihn erfolgreich ansprechen?

> **Experten-Tipp:**
> **Bleiben Sie offen und neugierig**
>
> Ein Unternehmen hat im Guten wie im weniger Guten immer mehr zu bieten, als Sie in den ersten Minuten aufnehmen können. Auch wenn der „erste Eindruck" stark zu unserer Meinungsbildung beiträgt, sollten Sie sich jetzt noch keine Meinung bilden. Bleiben Sie offen und neugierig für all die Informationen und Eindrücke, die Ihnen noch geboten werden. Eine Meinung können Sie sich später immer noch bilden.

Schon in der Kontaktphase können Sie an Ihrer Zielerreichung - die Stelle angeboten zu bekommen - arbeiten. Durch Ihr Verhalten setzen Sie Zeichen.

Wie verhalte ich mich in der Kontaktphase?

Häufig werden Sie am Eingang abgeholt. Vielleicht nicht unbedingt von Ihrem Gesprächspartner selbst, sondern von einem Mitarbeiter oder einer Mitarbeiterin des Bereichs. Eventuell begleitet Sie die Empfangsdame an den richtigen Ort im Unternehmen. Diese Personen sind dann Ihre Wegbegleiter. Ihnen bringen Sie die gleiche Freundlichkeit und das gleiche Verhalten entgegen wie Ihrem direkten Gesprächspartner.

Nur selten werden Sie sich den Weg zum richtigen Büro selbst suchen müssen. Falls doch:

Wenn Sie nicht begleitet werden

- Klopfen Sie so an die Tür, dass man es im Raum auch hören kann. Nicht so zaghaft, dass Sie es dreimal wiederholen müssen, bis Sie jemand hört. Aber auch nicht so heftig, dass sich der andere erschreckt.

- Treten Sie selbstbewusst in den Raum ein. Bleiben Sie nicht zögernd oder vorsichtig abwartend, was jetzt wohl passieren könnte, in der Tür stehen. Je weiter Sie in den Raum hineingehen, desto mehr Selbstsicherheit signalisieren Sie.

- Schauen Sie die Personen im Raum an, wenn sie „guten Tag" sagen.

- Wenden Sie Ihren Ansprechpartnern beim Schließen der Tür nicht den Rücken zu, halten Sie Blickkontakt.

- Sprechen Sie mit kräftiger, aber nicht übertrieben lauter Stimme.

- Stellen Sie sich kurz mit Vor- und Zunamen vor und sagen Sie, von wem Sie erwartet werden.

Die Begrüßung

Wenn Ihr Gesprächspartner zum „Hallo-Sagen" auf Sie zukommt, können Sie schon einschätzen, wie offen oder zurückhaltend er oder sie agiert. Nehmen Sie das Verhalten bewusst wahr, damit Sie es in Ihrem Verhalten erwidern können. Wenn Sie merken, dass Ihr Gesprächspartner noch mit anderen Dingen beschäftigt ist, geben sie ihm Zeit, dies abzuschließen.

Experten-Tipp:
Ähnlichkeit schafft Sympathie

Wenn Ihr Gesprächspartner eher ein ruhiger und vorsichtiger Mensch ist, Sie selbst aber lebendig und quirlig, verschrecken Sie ihn eventuell, wenn Sie in Ihrer Art auf ihn zugehen. Vielleicht erscheinen Sie ihm zu laut oder zu hektisch. Versuchen Sie, sich in diesem Fall etwas zurückzunehmen. Erscheinen Sie Ihrem Gesprächspartner ähnlich, wird er Ihnen eher Sympathie und Offenheit entgegenbringen, als wenn er den Eindruck hat, Sie seien ganz anders.

Gleiches gilt natürlich anders herum. Sind Sie ein eher vorsichtiger und zurückhaltender Mensch und Ihr Gesprächspartner wirkt auf sie deutlich lebendiger, sollten Sie etwas kräftiger auftreten, um nicht übervorsichtig oder verschüchtert zu wirken.

Es geht nicht darum, sich grundlegend zu verstellen, das schaffen Sie sowieso höchstens für einen kurzen Moment. Ziel ist vielmehr, dem Gesprächspartner im eigenen Verhalten etwas entgegenzukommen, um eine Brücke für einen positiven Einstieg zu bauen.

Wenn Ihnen Ihr Gegenüber die Hand reicht, erwidern Sie die Begrüßung mit einem freundlichen, festen Händedruck. Wenn Sie aufgrund der Außentemperaturen oder Ihrer inneren Anspannung feuchte Hände haben, trocknen Sie sie vorher kurz ab, ein Papiertaschentuch reicht hierfür.

Geben Sie die ganze Hand, nicht nur drei Finger. Erwidern Sie einen festen Händedruck ebenso fest. Kennen Sie das Gefühl, wenn Sie jemandem die Hand geben und selbst das Gefühl haben, der andere traue sich nicht?

> **Experten-Tipp:**
> **Wenn Ihr Gegenüber einen Ring trägt**
>
> Achten Sie auf Ringe an der Hand Ihres Gegenübers. Wenn Sie bei Ringen die angebotene Hand nicht richtig fassen oder zu fest zudrücken, bereiten Sie dem anderen keine Freude, sondern Schmerzen. Das muss nicht sein.
>
> Zeigt Ihr Gesprächspartner keine Tendenz, Ihnen die Hand zu geben, drängen Sie sich nicht auf. Akzeptieren Sie seine Haltung.

Wichtiges zur Namensnennung

- Stellen Sie sich bei der Begrüßung der einzelnen Gesprächspartner mit Vor- und Nachnamen vor.

- Sprechen Sie klar, verständlich und so laut, dass jeder Ihren Namen beim ersten Mal versteht. Oder haben Sie Angst, Ihren Namen zu nennen?

- Hören Sie genau auf die Namen Ihrer Gesprächspartner und sprechen Sie sie schon bei der Begrüßung mit Namen an.

- Wenn Sie einen Namen nicht verstanden haben, fragen Sie sofort nach, nicht irgendwann im Gespräch. Notieren Sie sich die Namen, sobald Sie Stift und Papier zur Hand haben.

- Der schönste Klang für einen Menschen ist der Klang des eigenen Namens. Sprechen Sie Ihre Partner zu Beginn und auch zwischendurch immer wieder einmal mit Namen (und evtl. Titel) an. Auch für kürzere Gespräche gilt die Regel, den Gesprächspartner mindestens dreimal mit Namen anzusprechen.

Nutzen Sie die Begrüßungsphase, um eine positive Atmosphäre zu schaffen. Seien Sie locker, zuvorkommend und höflich. Die ersten Minuten sind wichtig und entscheiden oft schon über Sympathie und Antipathie.

Einen Platz finden

In der Regel werden Sie gebeten, Platz zu nehmen. Mit einer Geste wird Ihnen gezeigt, welchen Platz man für Sie vorgesehen hat.

- Nehmen Sie den Platz, der Ihnen angeboten wird.

- Nehmen Sie erst Platz, wenn Sie dazu aufgefordert werden.

- Sitzt Ihr Gesprächspartner, während Sie noch stehen, fragen Sie freundlich, ob Sie sich setzen dürfen.

Ist nicht ersichtlich, dass ein fester Platz für Sie vorgesehen ist, nehmen Sie wenn möglich dort Platz, wo Sie mit Ihrem Gesprächspartner übers Eck sitzen können.

> **Experten-Tipp:**
> **Sich einander gegenüber zu sitzen ist ungünstig**
>
> Aus der Verkaufspsychologie wissen wir, dass es nicht vorteilhaft ist, seinem Gesprächspartner direkt gegenüber zu sitzen. Diese Position hat immer etwas Konfrontierendes und behindert einen guten Kontakt. Der Tisch zwischen Ihnen ist eine Barriere.

Setzen Sie sich nicht neben Ihren Gesprächspartner. In dieser Position können Sie ihn schlecht beobachten. Gerade feine nonverbale Signale bekommen Sie nicht rechtzeitig mit und erfahren nicht, wann Ihnen zugestimmt wird oder wann Ihre Aussagen eher kritisch betrachtet werden. Darüber hinaus laufen Sie Gefahr, die von Ihrem Gesprächspartner bevorzugte Distanz zu Fremden zu unterschreiten. Er wird sich evtl. unwohl fühlen, wenn Sie ihm zu nah sitzen.

Wenn Sie mehrere Gesprächspartner haben, sollten Sie, wenn möglich, den Platz am Tisch nehmen, von dem aus Sie alle gut sehen und beobachten und leicht Blickkontakt aufnehmen können. In der Regel wird das eine Tischkopfseite sein.

Beide Beine auf dem Boden geben Ihnen Sicherheit

Nutzen Sie die gesamte Sitzfläche Ihres Stuhls, dafür ist sie schließlich gedacht:

- Sitzen Sie nicht nur auf der vorderen Kante, als wollten Sie sofort wieder aufstehen und vielleicht doch lieber gehen.

- Lehnen Sie sich nicht auf die Tischkante.

- Wippen Sie nicht auf dem Stuhl. Halten Sie auch Ihre Beine still.

- Sicher, aufmerksam und entspannt sollte Ihre Sitzhaltung sein, nicht zu lässig und auch nicht steif und verkrampft.

> **Experten-Tipp:**
> **Das Angebot, etwas zu trinken**
> Meist wird Ihnen in dieser Phase auch ein Getränk angeboten. Alle alkoholfreien Getränke können Sie ruhig annehmen. Außerdem erhalten Sie eine erste Orientierung, wie lange das Gespräch ungefähr dauern wird. Hat man nur wenig Zeit für Sie, wird man Ihnen kein Getränk reichen.

Nonverbales Verhalten

Es ist oft schwer zu glauben, aber wir kommunizieren zu ca. 80 Prozent auf der nonverbalen Ebene. Das gilt sowohl für die Informationsaufnahme als auch für die Informationsweitergabe. Gestik, Mimik, Körperhaltung Tonfall, Betonungen, Lautstärke der Stimme und vieles mehr signalisieren unserem Gegenüber, wie es uns geht und was wir vielleicht wirklich denken, auch wenn wir etwas anderes sagen.

Die nonverbale Kommunikation erfolgt automatisch und in der Regel unbewusst. Das Kopfschütteln beim „Ja-Sagen" passiert uns einfach; wenn wir es merken ist, es schon zu spät. Trotzdem können Sie etwas tun, um auf der nonverbalen Ebene Selbstbewusstsein und Überzeugungskraft auszustrahlen.

Nonverbale Überzeugungskraft gewinnen

– Halten Sie einen offenen und freundlichen Blickkontakt. Mit schnellem und häufigem Wegschauen oder Blicksenken signalisieren Sie Unsicherheit.

– Lächeln Sie. Sie erleichtern damit nicht nur die Kontaktaufnahme. Wenn Sie lächeln, werden Sie sich selbst entspannen. Sie werden ruhiger und können dem Gespräch konzentrierter folgen.

– Achten Sie auf eine gerade Körperhaltung. Es gibt keinen Grund, sich zu verstecken und den Kopf einzuziehen. Also Kopf hoch, Schultern und Kreuz gerade.

- Halten Sie Hände und Füße ruhig. Zappeln Sie nicht mit den Füßen unter dem Tisch oder an Ihren Stuhlbeinen herum. Spielen Sie auch nicht mit dem Kugelschreiber oder fummeln sonst irgendwie mit Ihren Händen herum. Auch das sind Unsicherheitsgesten.

Sicher wirken Sie, wenn Sie

- sicher auf beiden Beinen stehen,

- im positiven Bereich - zwischen Hüftlinie und Schultern - gestikulieren (ausholende Armbewegungen),

- einen offenen und ruhigen Blickkontakt halten („mit den Augen führen"),

- eine konzentrierte, gelassene und positive Grundeinstellung haben und sich selbst kontrollieren,

- eine freundliche und gewinnende Mimik zeigen.

Unsicher wirken Sie, wenn Sie

- hin- und herpendeln, sich aufstützen und Ihre Schultern hochziehen,

- nicht oder im negativen Bereich gestikulieren, Ihre Hände also am Körper bleiben oder Sie sie verstecken,

- keinen Blickkontakt herstellen, sondern unstet und hektisch hin- und her blicken,

- eine Tendenz zu Fahrigkeit und Hektik aufweisen, die mit so genannten „Übersprunghandlungen" (z.B. Finger am Mund, Spielen mit Gegenständen etc.) einhergeht,

- wenn Sie eine verbissene, verspannte Mimik zeigen.

Welche Haltung Sie einnehmen, zeigen Sie also auch ohne Worte.

Sprachliches Ausdrucksverhalten

Auch wenn zu Beginn nur geplaudert wird, soll Ihre Stimme während des ganzen Gesprächs freundlich, aber bestimmt und fest bleiben. Sie dürfen und sollen etwas sagen.

Die Stimme gehört untrennbar zum Erscheinungsbild und Auftreten des Menschen. Stimme und Sprache stehen in unmittelbarem Zusammenhang mit Ihrer gesamten Persönlichkeit. Die Stimme wirkt in der Kommunikation wie ein Schlüsselreiz, der innerhalb von Sekunden darüber entscheidet, welche Zustimmung, welchen Anklang, welches Echo wir erreichen.

Sie können den Klang Ihrer Stimme durch Körperhaltung, Atmung, Mimik und Ihre Gedanken beeinflussen:

- Körperhaltung: Ihre Haltung wirkt auf Atmung und Gesichtsausdruck und damit auf Ihre Stimme. Ihre Stimme wird bei aufrechter Körperhaltung klarer und deutlicher. Sie klingen kompetenter und dynamischer.

- Atmung: Bei hoher Lungenatmung wird die Stimme höher, sie klingt angestrengter und gepresster, strahlt weniger Kompetenz aus. Bei tiefer Bauchatmung wird die Stimme voller, schwingender, entspannter und wirkt damit kompetenter. Atmen Sie in stressreichen Situationen tief in den Bauch, Sie vermeiden damit, dass Ihre Stimme zu hoch wird und „kippt".

- Mimik: Einen freundlichen Gesichtsausdruck kann man hören. Die Stimme wirkt transparenter, frischer. Sie klingen motivierter und aufgeschlossener. Lächeln Sie!

- Gedanken/Stimmung: Ihre Stimme wirkt in Momenten der Freude völlig anders, als wenn Sie verärgert oder traurig sind. Achten Sie auf Ihre Gedanken: Welche negativen und welche positiven Gedanken beeinflussen Sie?

Oft entstehen Missverständnisse, wenn sich Menschen im Ton vergreifen. Klangfärbungen haben meistens mit der eigenen emotionalen Befindlichkeit zu tun:

- Sachliche Klangfärbung: positiv neutraler Ton, vermittelt Interesse an dem Gespräch.

- Freundliche Klangfärbung: Mit einem Lächeln auf den Lippen wird eine positive und freundliche Stimmung vermittelt.

- Ärgerliche Klangfärbung: Verbissene Töne entstehen durch die innerliche Anspannung

- Dissonante Klangfärbung: bewirkt Irritation, Inhalt des Gesagten stimmt mit der vermittelten Emotion nicht überein.

Außerdem sollten Sie auf Ihr Sprechtempo achten. Bei einem zu hohen Sprechtempo lassen Sie Ihrem Zuhörer keine Zeit, Sie zu verstehen, was zu Missverständnissen und Misstrauen führen kann. Ihr Gesprächspartner fühlt sich leicht „an die Wand geredet". Wenn Sie andererseits zu langsam sprechen, verleiten Sie Ihren Zuhörer zur Unaufmerksamkeit. Sie klingen gelangweilt und das lässt auf einen Mangel an Engagement und Überzeugung schließen.

Grundsätzlich sollten Sie Ihr Sprechtempo Ihrem Gesprächspartner anpassen: Spricht dieser sehr zögernd, sprechen Sie langsamer; redet er sehr schnell, erhöhen auch Sie Ihr Sprechtempo.

Zu lautes Sprechen ist für den Zuhörer sehr unangenehm. Es kann Spannungen, Abwehr und auch Aggression erzeugen. Wer sogar schreit, vermittelt leicht den Eindruck, er wisse auf argumentativem Weg nicht weiter und wolle verbergen, dass er im Unrecht ist. Sprechen Sie hingegen zu leise, wirken Sie schnell schüchtern oder unsicher. Zu leises Sprechen erfordert bei Ihrem Gesprächspartner übermäßige Konzentration. Eine angemessene Lautstärke in normaler Unterhaltungslautstärke vermittelt Sicherheit.

Phase 2: Kurzvorstellung des Unternehmens

Die zweite und dritte Phase des Gesprächs variieren mit den Vorlieben Ihres Gesprächspartners. Häufig beginnen die Gespräche mit der Selbstvorstellung des Kandidaten, ein Vorgehen, das wir auch jedem Personalentscheider empfehlen würden.

Befinden Sie sich in der glücklichen Situation, dass Ihnen an dieser Stelle erst einmal eine kurze Vorstellung des Unternehmens und vielleicht sogar der Position gegeben wird, können Sie sich freuen. Nicht nur darüber, dass Ihre Gesprächspartner Ihnen damit die Situation erleichtern, Ihnen quasi den Anfang abnehmen wollen. Bei dieser Kurzvorstellung werden Ihnen mit großer Wahrscheinlichkeit auch grobe Rahmendaten zu Unternehmen und Position mitgeteilt.

> **Experten-Tipp:**
> **Bedarf heraushören**
>
> Seien Sie aufmerksam. Vielleicht können Sie Bedarfsformulierungen aus den Aussagen Ihres Gegenübers heraushören. Notieren Sie sie und greifen Sie sie auf, wenn Sie mit Ihren Fähigkeiten diesen Bedarf decken können.

Folgende Informationen können Sie dieser Kurzbeschreibung entnehmen:

- Welche wesentlichen Unternehmens- und Positionsdaten werden genannt?
- Was wird über Werte im Unternehmen gesagt?
- Was wird über Anforderungen an den Positionsinhaber geäußert?
- Welche Aufgaben in dieser Position werden angesprochen?
- Was wird über Führung, Teams und Kollegen gesagt?
- Was wird über die Kultur im Unternehmen gesagt?
- Welche Aussagen werden zu den Zielen des Unternehmens gemacht?
- Was stellt Ihr Gegenüber besonders in den Vordergrund?
- Welche Aussagen werden zu aktuellen Entwicklungen, Prozessen oder Aufgaben im Unternehmen gemacht?

Wir hatten bereits angesprochen, dass sehr viele Menschen leicht ins Erzählen kommen und dabei auch mehr sagen, als sie eigentlich beabsichtigt hatten. Davor sind auch Personalverantwortliche und Führungskräfte nicht geschützt. Diese Gesprächigkeit ist dann Ihr Vorteil, wenn Ihr Gegenüber Ihnen in dieser Phase mehr Informationen über Unternehmen und Position gibt, als er vielleicht wollte.

> **Experten-Tipp:**
> **Informationen gezielt nutzen**
>
> Wenn Sie in der glücklichen Situation sind, dass Ihnen Ihr Gesprächspartner bereits zu Beginn des Gesprächs erste Informationen zu Unternehmen und Position gibt, haben Sie die Chance, diese in Ihrer Selbstpräsentation zu berücksichtigen. Sie können von Anfang an Ihre Ausführungen in Einklang mit Anforderungen und Erwartungen des Unternehmens bringen. Nutzen Sie diese Chance und hören Sie aufmerksam und genau zu.

Notieren Sie sich stichpunktartig alle für Sie wichtigen Aussagen,

- die Sie in Ihrer Selbstpräsentation aufgreifen können,
- die Ihnen nicht ganz klar sind,
- die Sie vertiefen möchten und
- die Sie für Ihre Fragen zu Unternehmen und Position einbringen möchten.

Phase 3: Selbstvorstellung des Bewerbers

In dieser Phase sind Sie als Bewerberin bzw. Bewerber aufgefordert, wesentliche und für Ihr Gegenüber entscheidungsrelevante Informationen zu sich selbst und Ihrem bisherigen Lebenslauf weiterzugeben. Nach der Aufforderung: „Erzählen Sie uns doch zuerst einmal etwas über sich" liegt es in Ihrer Hand, die Situation für sich selbst erfolgreich zu gestalten.

Wenn Sie sich zu den einzelnen Punkten der nachfolgenden Checkliste, im Vorfeld überlegen, was und wie Sie es sagen möchten, können Sie diese Situation selbstbewusst und sicher gestalten. Sie müssen Ihre Selbstvorstellung dann nur noch an die bisher erhaltenen Informationen zum Unternehmen und zur Position anpassen.

Checkliste: Wichtiges für die Selbstvorstellung

Ihre Aussagen im Gespräch müssen mit denen in Ihren schriftlichen Unterlagen übereinstimmen. (Gehen Sie davon aus, dass Ihre Gesprächspartner sich mit Ihren Bewerbungsunterlagen auseinander gesetzt haben und die Inhalte kennen.)	
Setzen Sie Schwerpunkte in Ihrer bisherigen Entwicklung und für Ihre Ziele. Was war in Ihrer bisherigen beruflichen Entwicklung wichtig?	
Überlegen Sie, wo Sie Ihre Selbstdarstellung beginnen. Die Grundschule ist uninteressant. Bei Berufseinsteigern ist aber z.B. die Entscheidung für eine Ausbildung oder ein Studium von Interesse. Beginnen Sie bei Ihrem Lebenslauf dort, wo Sie meinen, dass es ab diesem Zeitpunkt für die in Frage stehende Position für Ihren Gesprächspartner interessant ist.	

Was haben Sie bisher vom Unternehmen erfahren? Welche Informationen können Sie in Ihrer Selbstdarstellung aufgreifen? Passen Sie die Schwerpunkte Ihrer Selbstpräsentation flexibel an die bisher erhaltenen Informationen an.	
Stellen Sie mit Ihren Aussagen einen klaren Bezug zu der in Frage stehenden Position her. Nur was für diese Position nützlich ist, ist wirklich wichtig.	
Welchen Nutzen können Sie dem Unternehmen mit Ihren Kompetenzen bieten?	
Haben Ihre Ausführungen eine sachliche, prägnante Gliederung?	
Verlieren Sie sich nicht in Details, beschränken Sie sich auf die wesentlichen Punkte. Ihr Gesprächspartner wird nachfragen, wenn er mehr Informationen von Ihnen haben möchte.	
Beschreiben Sie, was Ihre Person ausmacht, was Ihre Qualifikationen kennzeichnet. Was ist Ihnen selbst wichtig? Was haben Sie bisher erreicht?	

Wodurch sind Sie das geworden, was Sie heute sind? Können Sie zu Ihren Aussagen Beispiele anführen? Können Sie wichtige Entscheidungen begründen? (Warum haben Sie XY studiert? Warum haben Sie die Branche XY gewählt? etc.)	

Bevor Sie zu reden beginnen, dürfen Sie sich durchaus eine kurze Denkpause gönnen. Diese können Sie nutzen, um die bisher erhaltenen Informationen mit Ihren Qualifikationen und Kompetenzen in Beziehung zu setzen. Dank Ihrer guten Vorbereitung können Sie ca. fünf Minuten frei über Ihren bisherigen Ausbildungs- und Berufsweg, Ihre Qualifikationen und andere wichtige Lebenslaufdaten berichten. Nutzen Sie die Übersicht zu Ihren persönlichen Daten. Begrenzen Sie Aussagen zu Ihrer persönlichen Entwicklung auf die beruflich relevanten Aspekte.

> **Experten-Tipp:**
> **Nur das Wesentliche interessiert**
>
> Mit zu langen Monologen laufen Sie Gefahr, die anderen zu langweilen. Wenn Sie über Dinge sprechen, die für die anderen nicht interessant sind, werden Sie keine Pluspunkte sammeln. Die Anforderung heißt: Wesentliches und Wichtiges von Details trennen. Beginnen Sie nicht „bei Adam und Eva".

Sie kennen Ihren Lebenslauf am besten, versuchen Sie mögliche Fragen Ihres Gegenübers vorwegzunehmen und Unklarheiten von vornherein auszuschließen. Hilfreich können folgende Formulierungen sein:

> **Praxis-Beispiel:**
> **Mögliche Fragen vorwegnehmen**
>
> „Sie könnten sich jetzt durchaus fragen, warum ich ... (so gehandelt habe). Für mich war in der damaligen Situation ..."
>
> Bei kritischen Aspekten in Ihrem Lebenslauf - „Sie haben überdurchschnittlich lange studiert" - empfiehlt es sich, unangenehme Fragen durch vorweggenommene Erklärung auszuschließen.
>
> „Ich bin mir durchaus bewusst, dass meine Studienzeit mit 14 Semestern über dem Durchschnitt liegt und dass das für meine Bewerbung bei Ihnen vielleicht auch ein kritischer Punkt sein kann. Aber nachdem ich bei der Firma Muster ein Praktikum gemacht habe, hat man mir angeboten, mit einer festen Wochenstundenzahl weiter im Projekt mitzuarbeiten. Die Chance habe ich wahrgenommen. Ich habe in der Zeit sehr viel gelernt, auch für mein Studium. Viele der theoretischen Inhalte bekamen einen praktischen Bezugsrahmen. Was auf der anderen Seite wieder dazu führte, dass ich die universitäre Ausbildung viel nutzbringender in die praktische Arbeit einfließen lassen konnte".

Haben Sie sich in Ihrem bisherigen Werdegang vielleicht einmal falsch entschieden, stehen Sie zu dieser Entscheidung. Begründen Sie die Entscheidung und warum Sie heute anders entscheiden würden. Kein Mensch trifft immer die richtigen Entscheidungen, wichtig ist, wie er damit umgeht und was er daraus lernt.

Bedenken Sie bei Ihrer Selbstdarstellung, dass Ihr Gegenüber nicht sein erstes Vorstellungsgespräch führt. Er kennt schlecht vorbereitete Bewerber, Tricks und den Versuch, kleinere oder größere Mängel in Qualifikation und Lebenslauf zu schönen. Heben Sie sich positiv von anderen Bewerberinnen und Bewerbern ab und überzeugen Sie durch eine authentische Selbstdarstellung.

Eine authentische Selbstdarstellung heißt auch, dass Sie sich so geben, wie Sie sind. Halten Sie die ganz normalen „Benimm-Regeln" und ein paar der Tipps, die Sie hier erhalten, ein, aber verstellen Sie sich nicht. Spielen und Verstellen führt schnell zu Brüchen und Unstimmigkeiten darin, wie andere Sie wahrnehmen.

Wir sind der Überzeugung, dass es sich nicht lohnt zu lügen und von Kompetenzen zu sprechen, die man nicht hat. Die Frage, die Sie sich immer stellen sollten, ist: Was will ich mit der Lüge erreichen? Etwa einen Arbeitsplatz, auf dem Sie sich nicht Ihren Qualifikationen entsprechend entfalten können und unzufrieden werden?

Sie sollten auch bedenken, dass es gar nicht so einfach ist, eine Lüge in einem ein- bis zweistündigen Gespräch überzeugend aufrechtzuerhalten, ohne sich in Widersprüche zu verwickeln. Noch schwieriger wird es, wenn Sie mehrere Gespräche in einem Unternehmen führen oder mit unterschiedlichen Partnern sprechen. Ein guter Interviewer wird Widersprüche schnell erkennen und nachfragen. Das kann für Sie unangenehm enden. Darüber hinaus sollten Sie immer davon ausgehen, dass Ihr Gegenüber mit Tricks der Bewerber vertraut ist und nicht alles, was Sie erzählen, einfach glaubt.

Es ist sicher nichts dagegen einzuwenden, wenn Sie Lebenslaufdaten an der einen oder anderen Stelle dem Bedarf des Unternehmens oder der Position anpassen oder auch mal etwas nicht erwähnen, weil Sie es eher für nachteilig halten.

> **Experten-Tipp:**
> **Übung macht den Meister**
>
> Wenn Sie lange kein Vorstellungsgespräch mehr hatten oder es sogar Ihr erstes ist, üben Sie Ihre Selbstpräsentation zu Hause einmal mit Freunden. Es ist ein gravierender Unterschied, ob Sie etwas nur denken oder tatsächlich formulieren. Vielleicht nutzen Sie sogar eine Videokamera. Dann können Sie Ihre Wirkung auf andere besser einschätzen.

Phase 4: Vertiefende Fragen

Im Anschluss an Ihre Selbstdarstellung werden Ihre Gesprächspartner beginnen, Fragen an Sie zu stellen. Mit den Fragen sollen bestimmte von Ihnen angesprochene Aspekte vertieft und weiterführend geklärt oder andere für das Unternehmen wichtige Aspekte besprochen werden. Erfahrungsgemäß werden folgende Bereiche angesprochen:

- Fragen zur Wechselmotivation, Gründe für die Bewerbung;

- Fragen zum bisherigen (jetzigen) Arbeitgeber und zu bisherigen Aufgabenstellungen, Verantwortungsbereichen etc.;

- Fragen zu Kompetenzen und Qualifikation, beruflichen Zielen und Erwartungen, bisherige und geplante Weiterbildungen;

- Fragen zur Person, zu Persönlichkeit, Familie, Freizeit und persönlichen Werten.

Die Gestaltung dieser Phase richtet sich nach der vom Unternehmensvertreter bevorzugten Gesprächsstrategie. Von einer strukturierten Befragung bis zu einem netten Gespräch ist jeder Ablauf möglich.

Häufig stellen Bewerber die Frage, was sie denn antworten sollen, vor allem, da bestimmte Fragen wohl eher Fangfragen sind. Standardantworten sind bei den Personalentscheidern schnell bekannt. Wird ein entsprechendes Buch gut verkauft, hören Sie die Antworten von vielen Bewerbern. Auf die Frage: „Was sind Ihre Schwächen?" antworten viele Bewerber: „Ich bin schnell mal ungeduldig". Diese Antwortempfehlung findet sich in verschiedenen Ratgebern. Heute kann man sie vernachlässigen, da die Antwort von den Personalverantwortlichen nicht mehr ernst genommen wird.

In Standardantworten sehen wir verschiedene Gefahren:

- Niemand kann am Schreibtisch, ohne das Unternehmen und die konkrete Position zu kennen, sagen, was in diesem Fall die richtige Antwort ist.

- Ob eine Antwort richtig oder falsch ist, ist auch von den persönlichen Vorstellungen und Werten Ihres Gesprächspartners abhängig.

- Für unterschiedliche Branchen und Unternehmen sind in Abhängigkeit von deren Produkten und Leistungen verschiedene Aspekte, Werte und Fähigkeiten wichtig. In der Baubranche herrschen andere Gesetze als bei einem Unternehmen aus der Finanzdienstleistung.

Viel wichtiger, als irgendwelche Antworten auswendig zu lernen, ist es, sich differenziert mit den eigenen Kompetenzen, Erfahrungen, Zielen und Werten auseinander zu setzen. Das befähigt Sie,

- sicher und überzeugend zu argumentieren.
- auch auf schwierige und vertiefende Fragen überzeugend und authentisch zu antworten.
- die Position zu finden, die zu Ihnen passt.

Um die richtige Antwort, die mit dem Unternehmen und Ihren Gesprächspartnern variiert, zu finden, geben wir Ihnen noch ein paar Tipps und Regeln für Ihr Antwortverhalten:

So sollten Sie sich bei Ihren Antworten verhalten

- Formulieren Sie zukunfts- und lösungsorientiert. Die Probleme sind bekannt, man will von Ihnen Lösungen hören.

- Auch wenn Ihr Gegenüber neugierig ist - er muss nicht alles wissen. Sie sind kein gläserner Mensch, d.h. Sie brauchen nur zu erzählen, was für die neue Position relevant ist.

- Bedenken Sie bei der Beantwortung von Fragen, dass Sie im Zusammenhang mit der gewünschten Stelle antworten. Fragen z.B. nach Zukunftserwartungen beantworten Sie konkret auf die Position bezogen. Wenn man private Dinge von Ihnen wissen will, dann sollte dies klar aus der Frage hervorgehen.

- Erzählen Sie aus Ihrem Privatleben nicht mehr, als gefragt ist. Persönliche, private Aspekte gehören nur bedingt in ein Vorstellungsgespräch. Für das Unternehmen kann Ihre familiäre Situation in einigen Aspekten durchaus wichtig sein, z.B. wie Ihre Familie zu einem notwendigen Umzug steht. Werden Sie nicht explizit danach gefragt, behalten Sie Privates für sich. Auch wenn die Situation sehr entspannt und angenehm ist, erzählen Sie keine privaten Geschichten und Anekdoten. Auf keinen Fall fragen Sie Ihren Gesprächspartner nach privaten Dingen.

- Wenn es um Ihre Freizeitgestaltung und Ihre Hobbys geht, wägen Sie ab, was Sie erzählen wollen. Drei Dinge sollten Sie dabei beachten:

    - Es wird sicher nicht von Ihnen erwartet, dass Sie nichts anderes als Arbeit kennen. Hobbys sind auch Ausdruck von Engagement und ein wichtiger Ausgleich zur Berufstätigkeit.

    - Seien Sie vorsichtig bei Hobbys mit einem hohen Unfallrisiko (kein Arbeitgeber möchte Ihren Krankenhausaufenthalt bezahlen).

    - Zurückhaltung sollten Sie auch bei der Angabe, wie viel Zeit Sie mit Ihrem Hobby verbringen, üben. Täglich zwei Stunden ab abends 19.00 Uhr heißt für Ihren Arbeitgeber, dass Ihre Flexibilität genauso eingeschränkt ist wie Ihre Bereitschaft, einmal länger zu bleiben.

- Benötigen Sie für Ihr Hobby Fähigkeiten, die auch für Ihre Berufstätigkeit relevant sind, sollten Sie diese herausstellen: Belastbarkeit, Durchhaltevermögen und Frustrationstoleranz im Leistungssport, Teamfähigkeit und Motivationsvermögen im Mannschaftssport oder in Musikgruppen, Führungsfähigkeit und Motivationsfähigkeit bei der Betreuung von Nachwuchs etc. Gerade als Berufsanfänger können Sie mit Ihren Hobbys verdeutlichen, dass Sie tatsächlich über bestimmte Kompetenzen verfügen und nicht nur behaupten, sie zu haben.

- Hören Sie aufmerksam zu und machen Sie sich während des Gesprächs Aufzeichnungen. Dies zeigt zum einen, dass Sie interessiert dem Gespräch folgen. Außerdem können Sie zu einem späteren Zeitpunkt auf bestimmte Aspekte zurückkommen, wenn Sie noch Fragen haben.

- Wichtig ist, dass Sie nicht negativ über Ihre frühere Firma, Chef oder Kollegen reden. Auch wenn Sie Gründe für Ihren Missmut haben, kommt dies immer schlecht an. Üble Nachrede ist ein schlechter Stil. Man könnte Sie schnell als schwierigen Mitarbeiter einordnen. Ihre Chancen sinken auf den Nullpunkt! Überlegen Sie sich vorher Ihre Begründung für Ihren Unternehmenswechsel. Aber lästern Sie nicht. Bessere Argumentationsstrategien bieten Ihnen Ihre weitere berufliche Entwicklung, die Attraktivität der in Frage stehenden Position und die Erweiterung Ihrer beruflichen Qualifikation. Die Aussage, dass Ihre Möglichkeiten im jetzigen Unternehmen begrenzt sind, können Sie auch sehr sachlich formulieren. Positiv und zukunftsorientiert ist die richtige Sichtweise!

Authentisch und kompetent: Wie kann ich überzeugen?

Es geht für Sie darum, Ihre Gesprächspartner mit Ihren Antworten davon zu überzeugen, dass Sie die richtige Mitarbeiterin bzw. der richtige Mitarbeiter sind. Machen Sie es sich zu eigen, präzise und gezielt auf Fragen zu antworten und Informationen offen weiterzugeben. Schweifen Sie bei Ihren Antworten nicht vom Kern der Sache ab. Achten Sie darauf, dass Sie nicht zu weit ausholen. Alle Ihre Aussagen sollten Sie durch konkrete Beispiele oder Begründungen untermauern können. Rechnen Sie damit, dass nachgefragt wird:

- In welchen Situationen haben Sie diese Erfahrungen gesammelt?

- Wodurch konnten Sie das lernen?

- Bei welchen Aufgaben konnten Sie die von Ihnen beschriebene Kreativität einbringen? Was hatte das für Auswirkungen?

- Wie kommen Sie zu der Einschätzung, über gute soziale Kompetenzen zu verfügen?

- Was kennzeichnet Ihre verkäuferischen Kompetenzen?

- Wenn wir Ihre heutigen Mitarbeiter fragen, wie werden sie Ihr Führungsverhalten beschreiben?
- Können Sie uns ein Beispiel beschreiben, in dem Sie...?

Folgende Strategie kann Ihnen helfen:

- Was war die Situation?
- Was konkret haben Sie getan?
- Was war das Ergebnis, die Konsequenz?

Wenn Sie bei der Vorbereitung Ihrer Argumentation diesem Prinzip folgen, erfüllen Sie die Informationsbedürfnisse Ihres Gegenübers, ohne dass dieser ständig nachfragen muss oder Ihre Antworten als oberflächlich empfindet.

> **Experten-Tipp:**
> **Bleiben Sie ruhig und selbstbewusst**
>
> Lassen Sie sich durch härteres Nachfragen nicht irritieren und verunsichern. Bleiben Sie auch bei unverständlichen Reaktionen und Kritik ruhig. Eventuell will man Ihre Belastbarkeit überprüfen. Insbesondere bei Positionen, bei denen Sie viel mit Menschen zu tun haben, will man (berechtigterweise) sehen, wie Sie mit schwierigen Situationen umgehen. Lassen Sie sich nicht von negativen Stimmungen anstecken. Bleiben Sie sachlich und freundlich.

Prinzipiell gilt: erst zuhören, dann überlegen und erst dann antworten. Eine überlegte Antwort ist immer besser als eine spontane, die evtl. am Ziel vorbeigeht.

Seien Sie sich immer bewusst, dass Sie mit jeder Frage auch Informationen über das Unternehmen, die Position und Ihre Gesprächspartner erhalten.

Achten Sie darauf,

- welche Aspekte angesprochen werden,
- welche Aspekte wie ausführlich erfragt und besprochen werden,
- wie Ihre Gesprächspartner auf Ihre Antworten reagieren,
- wann sie nachfragen oder weiterführende Erklärungen von Ihnen wünschen,
- was Ihrem Gegenüber besonders wichtig ist.

> **Experten-Tipp:**
> **Bei Unklarheiten nachfragen**
>
> Wenn Ihnen eine Frage nicht klar ist, fragen Sie nach, welche Information Ihr Gesprächspartner genau haben will. Das ist deutlich besser, als aneinander vorbeizureden oder sogar falsche Antworten zu geben.

Phase 5: Detaillierte Darstellung von Zielposition und Unternehmen

In dieser Phase werden Ihre Gesprächspartner Sie detaillierter über Unternehmen und Position informieren. Gab es keine Kurzinformation zu Beginn des Gesprächs, erhalten Sie jetzt erstmals Informationen. Aspekte, auf die Sie achten sollten, sind in folgender Checkliste aufgeführt.

Checkliste: Informationen über das Unternehmen

Was	ja	nein
Gibt es eine Stellenbeschreibung? Wie wird die Stelle/Position beschrieben?		
Gibt es eine Aufgabenbeschreibung? Welche zentralen Aufgaben werden für die Position beschrieben? Welche Nebenaufgaben werden für die Position beschrieben?		
Was umfasst der Kompetenz- und Verantwortungsbereich der Position?		
Team und Kollegen: Mit wem wird in der Abteilung eng zusammengearbeitet? Wie wird das Team beschrieben? Mit wem wird abteilungsübergreifend zusammengearbeitet?		
Wer ist der direkte Vorgesetzte? Wer ist darüber hinaus weisungsbefugt?		

Gibt es darüber hinaus fachliche Unterstellungen?		
Welche Erwartungen werden an den Positionsinhaber formuliert?		
Wie ist die Einordnung der Position im Unternehmen (Organigramm)?		
Welche detaillierten Informationen über das Unternehmen und Unternehmensdaten werden gegeben? Zum Beispiel: - Produktpalette, Markt, Wettbewerb - Unternehmensziele - Unternehmensphilosophie, -kultur, Führungskultur		
Gibt es einen Einarbeitungsplan? Wie wird die Einarbeitung erfolgen?		

Jetzt sind in erster Linie Ihre Aufmerksamkeit und Ihre Kompetenz als guter Zuhörer gefragt. Notieren Sie sich zentrale Aussagen, damit Sie sich zu Hause noch einmal einen Überblick über die erhaltenen Informationen verschaffen können. Sie werden es nicht schaffen, alles im Kopf zu behalten. Stichpunkte werden Ihnen ausreichen, um sich später an die konkreten Inhalte zu erinnern. Sie brauchen diese Informationen, um Ihre Entscheidung für oder gegen diesen Arbeitgeber treffen zu können.

Für die erhaltenen Informationen sollten Sie einen Abgleich mit Ihren im Vorfeld definierten Erwartungen, Zielen und Anforderungen an das Unternehmen und die neue Position vornehmen. Dabei kann Ihnen die folgende Checkliste behilflich sein.

Checkliste: Erwartungen und Positionsangebot

In welchen Bereichen stimmen die erhaltenen Informationen mit Ihren Vorstellungen überein?	
Wo ergeben sich Differenzen?	
Können Sie diese Differenzen im Gespräch klären?	

Diese Gesprächsphase wird einen gleitenden Übergang zu oder sogar eine Vermischung mit der nächsten Phase haben. Ergeben sich also für Sie bei den Ausführungen der Unternehmensvertreter Fragen, stellen Sie diese entweder gleich oder notieren Sie sie, um sie dann später aufzugreifen und Ihren Informationsbedarf zu decken.

Phase 6: Ihre Fragen an das Unternehmen

Wieder kommt ein gewichtiger Teil Ihrer Vorbereitung zum Tragen. Sie haben sich Fragen zu Unternehmen und Position erarbeitet. Werden Sie auf Ihre Fragen zum Unternehmen angesprochen, dürfen Sie selbstverständlich Ihre vorbereiteten Fragenlisten nutzen. Sagen Sie: „Ja, ich habe noch einige Fragen. Ich habe sie mir im Vorfeld aufgeschrieben. Darf ich eben meine Notizen zur Hand nehmen?"

Wer sollte an dieser Stelle Nein sagen? Bewerber, die gar keine eigenen Fragen haben, wirken in einem Vorstellungsgespräch nicht sehr selbstbewusst, interessiert und aktiv. Schließlich geht es auch für Sie um eine wichtige Entscheidung.

Vielleicht wurde ein Teil Ihrer Fragen bereits durch das bisherige Gespräch beantwortet. Eventuell sind neue Fragen dazugekommen. Versuchen Sie, Ihre Fragen themenbezogen zu bündeln, also alle Fragen zu einem Bereich nacheinander zu stellen. Dabei können sich Antworten auf mehrere Fragen aus einer komplexen Antwort Ihres Gegenübers ergeben.

Mit Ihren Fragen, die Sie in dieser Gesprächsphase einbringen, machen Sie deutlich, dass Sie sich im Vorfeld mit dem Unternehmen auseinander gesetzt und dass Sie die Informationen im bisherigen Gespräch aufmerksam aufgenommen haben.

Informationen über das Unternehmen erhalten Sie auch aus dem Antwortverhalten Ihrer Gesprächspartner.

- Wie offen und großzügig werden Ihre Fragen beantwortet?
- Gibt es Bereiche, bei denen Ihre Partner ausweichen oder nur sehr oberflächlich antworten?

Wenn Sie solche Tendenzen entdecken, müssen Sie entscheiden, wie wichtig dieser Bereich für Sie persönlich ist und ob Sie versuchen sollten, durch Nachfragen weitere Informationen zu erhalten.

Phase 7: Information zum Beschäftigungsvertrag

Ob Fragen zum Beschäftigungsvertrag bereits im ersten oder erst in einem weiteren Gespräch erläutert werden, hängt vom Gesamtprozess der Personalauswahl und von der Anzahl der Bewerber ab.

Ganz gleich, in welchem Gespräch diese Fragen besprochen werden, wichtige Aspekte der Vertragsgestaltung sind unter anderem die in der folgenden Checkliste enthaltenen.

Checkliste: Vertragsgestaltung

Was	ja	nein	Anmerkung
Einstellungstermin			
Probezeit			
Gehaltsfragen Festgehalt 13. und 14. Monatsgehalt Variable Vergütungen			

Sonderzahlungen			
Arbeitszeiten Gleitzeitregelungen/ Kernarbeitszeiten Regelungen für Teilzeitbeschäftigungen			
Urlaubsanspruch Urlaubsregeln			
Sozialleistungen des Unternehmens Dienstwagen Verpflegung/Kantine Direktversicherungen Vermögenswirksame Leistungen			
Überstundenregelungen Arbeitszeitkonten			

Meist geht es in einem ersten Gespräch noch nicht um konkrete Absprachen, sondern vielmehr darum, die gegenseitigen Vorstellungen und Erwartungen kennen zu lernen. Besteht für das Unternehmen schneller Handlungsbedarf oder ist es Ihnen gelungen, Ihre Gesprächspartner zu 100 Prozent zu überzeugen, können allerdings auch schon konkrete Verhandlungen erfolgen. Dann müssen Sie Ihre Vorstellungen kennen, um ein adäquater Verhandlungspartner zu sein.

Werden Sie nach Ihren vertraglichen und gehaltlichen Vorstellungen gefragt, sind falsche Bescheidenheit genauso unangemessen wie überzogene Forderungen. Dank Ihrer Vorbereitung kennen Sie Ihre Qualifikationen und Ihren „Wert". Sie haben Klarheit darüber gewonnen, was Sie vom Unternehmen erwarten. Sie kennen die Punkte, in denen Sie kompromissbereit sind, und die, in denen Sie Ihre Erwartungen erfüllt sehen wollen.

In der Mehrzahl der Fälle werden Sie im ersten Gespräch keine feste Aussage hinsichtlich einer Einstellungsentscheidung erhalten. Es wird noch mit weiteren Bewerberinnen und Bewerbern gesprochen. Häufig werden Ihre Gesprächspartner sich vor einer Entscheidung noch unternehmensintern abstimmen wollen. Eventuell folgen auch ein oder mehrere weitere Gespräche mit Ihnen, bevor eine Entscheidung getroffen wird. Aber selbst die Einladung zu einem Folgegespräche erfolgt nicht unbedingt sofort im ersten Gespräch.

Phase 8: Gesprächsabschluss

Am Ende des Gesprächs sollte geklärt werden, wie das weitere Vorgehen ist und wann Sie mit weiteren Informationen bzw. einer Entscheidung rechnen können. Sie können fragen, wann Sie bezüglich einer Entscheidung oder eines zweiten Termins anrufen sollen.

Wenn Sie selbst ein ehrliches und echtes Interesse an der Position haben, bringen Sie dies an dieser Stelle klar zum Ausdruck. Bekräftigen Sie mit einem Satz Ihren Willen, bei dieser Firma gerne anzufangen. Ein: „Über eine positive Antwort von Ihnen freue ich mich und würde sofort zusagen" kann noch einmal zur Bekräftigung Ihrer Absichten beitragen und Ihre Entscheidungsfreude dokumentieren, ohne dass es aufdringlich klingt.

Wenn Sie schon Gespräche in anderen Unternehmen geführt haben oder noch führen werden, sollten Sie dies andeuten. Ein Druckmittel sollten andere Angebote auf gar keinen Fall sein. Sagen Sie also nicht: „Ich habe bereits eine Zusage und benötige deswegen Ihre Entscheidung spätestens Dienstag, sonst werde ich dem anderen Unternehmen zusagen". Einem solchen Entscheidungsdruck wird sich kaum ein Personalverantwortlicher aussetzen wollen und in der Regel auch nicht können. Durch Druck kann eine Entscheidung schnell gegen Sie fallen. Jedem Personalverantwortlichen ist klar, dass Sie, wenn Sie sich ernsthaft verändern wollen, mehrere Bewerbungen geschrieben haben.

Verabschieden Sie sich freundlich von allen Gesprächspartnern. Sprechen Sie jeden noch einmal mit Namen an. Bedanken Sie sich für das Gespräch. Auch von der Sekretärin verabschieden Sie sich sehr freundlich.

Experten-Tipp:
Bewerberauslagen
Es ist nicht in allen Unternehmen üblich, dass die Anreisekosten zum Vorstellungsgespräch erstattet werden. Erstattet das Unternehmen die Kosten, werden Sie darauf angesprochen. Wenn es ihnen möglich ist und angeboten wird, füllen Sie die notwendigen Unterlagen direkt aus. Sie können aber auch alles mitnehmen und am Ende der Vorstellungsphase (evtl. gibt es noch weitere Gespräche) alle Belege zusammen einreichen. Die Kosten werden bei einer Absage ebenfalls erstattet.

5. Wie kann ich die Meinungsbildung meines Gegenübers beeinflussen?

> **Praxis-Beispiel:**
> **Gegensätze ziehen sich an - Gemeinsamkeiten verbinden?**
> Als relativ unberechenbaren Faktor sieht Alfred G. die Persönlichkeiten der am Gespräch Beteiligten. Sehr gerne würde er wissen, mit wem er es zu tun haben wird, oder den Eindruck, den er hinterlässt, beeinflussen. Er hat gehört, wie wichtig der erste oder der letzte Eindruck für die Beurteilung sein kann. Da lässt sich doch sicher etwas machen...

Im vorherigen Kapitel haben wir vom „ersten Eindruck" gesprochen, den wir sehr schnell von unserem Gegenüber gewinnen, und dass wir uns aufgrund dieser noch sehr vagen Informationen eine Meinung bilden. Wie wir uns Meinungen bilden, welche Fehler uns dabei unterlaufen und was Sie tun können, um die Meinungsbildung bei Ihrem Gesprächspartner in Ihrem Sinne zu beeinflussen, darüber wollen wir Sie in diesem Kapitel informieren.

Meinungsbildung

Wir bilden uns ständig eine Meinung, urteilen und bewerten. In einer Situation wie dem Vorstellungsgespräch hat dies eine besondere Brisanz für Sie. Ihr Ziel ist ja, dass Ihr Gegenüber eine gute Meinung von Ihnen gewinnt. Diesen Prozess können sie zum Teil durch Ihr Verhalten beeinflussen, zum Teil aber leider auch nicht. Denn jede Meinung bilden wir uns auf der Basis bereits vorhandener Meinungen, unserer Wertvorstellungen und unserer Sicht der Dinge, die wir im Laufe der Zeit über unsere Erfahrungen gewonnen haben.

Man kann sagen, dass unsere bisherigen Erfahrungen allen neuen Wahrnehmungen wie ein Filter vorgeschaltet sind. Im Alltag hat das Vorteile, denn das Filtern der aufgenommenen Informationen erleichtert uns das Zurechtfinden in der Welt. Wir können Informationen schneller einordnen und wissen, was sie für uns bedeuten. Manchmal stehen uns unsere Filter und Wahrnehmungsgewohnheiten aber im Wege, weil wir nicht mehr offen sind, uns „vorurteilsfrei" eine Meinung zu bilden. Diese Gefahr besteht im Vorstellungsgespräch, sowohl für Sie als auch für Ihre Gesprächspartner. Wichtig für Ihr Vorstellungsgespräch ist es, etwas über so genannte Wahrnehmungstendenzen zu wissen. Gemeint sind damit die Tendenzen, bei der Informationsaufnahme und Urteilsbildung Fehler zu machen, ohne dies zu merken. Kennen wir unsere Wahrnehmungstendenzen, können wir uns vor Fehlern und vorschnellen Meinungen schützen. Und wir können unser eigenes Verhalten so gestalten, dass der andere eine positive Meinung von uns gewinnt.

Eine Meinung wird schnell gebildet: Der erste Eindruck

Manche Personalentscheider behaupten stolz, dass sie nach drei bis fünf Minuten wissen, ob ein Kandidat zum Unternehmen passt oder nicht. Dass eine so komplexe Entscheidung trotz aller guten Menschenkenntnis nicht in so kurzer Zeit getroffen werden kann, ist nachvollziehbar. Aber beobachten Sie sich einmal selbst: Wie schnell haben Sie sich eine Meinung über eine bisher fremde Person gebildet?

Viele Menschen bilden sich tatsächlich anhand der wenigen aufgenommenen Informationen in den ersten fünf Minuten eine relativ feste Meinung. Das wäre nicht weiter schlimm, wenn wir unsere Meinung entsprechend den später aufgenommenen Informationen korrigieren würden. Aber genau das fällt uns schwer. Haben wir uns erst einmal eine Meinung gebildet, nehmen wir von dem, was wir hören und sehen, vorzugsweise nur noch das auf, was zu unserer bestehenden Meinung, also zu unserem ersten Eindruck, passt. Informationen, die nicht dazu passen - und uns eigentlich veranlassen müssten, unsere Meinung zu ändern - ignorieren wir oder tun sie als „bedeutungslos" ab. Sie können sich vorstellen, wie schnell wir eine falsche oder unvollständige Meinung gewinnen.

Auf Ihr Vorstellungsgespräch übertragen heißt das:

- Alle am Gespräch Beteiligten bilden sich in den ersten Minuten des Kontakts ihre erste Meinung (Phase der Begrüßung und des Smalltalks).

- Jeder ist im weiteren Verlauf des Gesprächs besonders aufmerksam für die Informationen, die seine gebildete Meinung bestätigen. Gegensätzliche Informationen werden nicht oder nur bedingt wahrgenommen.

- Ein negativer erster Eindruck lässt sich nur mit viel Kraft und Mühe im Verlauf des Gesprächs korrigieren.

- Ist der erste Eindruck positiv, haben Sie als Bewerber bessere Chancen, eine Stelle zu bekommen. Der erste Eindruck wirkt wie Bonuspunkte. Wenn Sie jetzt keine groben Fehler begehen, bleibt er positiv. Kleinere Unstimmigkeiten darin, wie Sie zum Unternehmen passen, werden nicht so wichtig genommen.

Wie können Sie sich verhalten?

Es ist Ihnen gelungen, mit Ihren schriftlichen Bewerbungsunterlagen den allerersten positiven Eindruck zu vermitteln. Ihr Ansprechpartner nimmt Sie als passend zur Position und zum Unternehmen wahr. Dieser Eindruck beruht aber nur auf „Papier"-Informationen und ist somit nicht sehr gefestigt. Doch man wird Ihnen erst einmal wohlwollend begegnen.

Wie Sie die positive Meinung festigen

- Ihr Verhalten ist jetzt in allen folgenden Schritten darauf ausgerichtet, diese positive „Vorab"-Meinung zu festigen:

- Sie sind pünktlich.

- Sie sind ordentlich und angemessen gekleidet.

- Sie sind frisch und ausgeruht. Sie haben ausreichend Zeit.

- Sie begegnen Ihrem Gegenüber freundlich und seriös. Sie schauen ihn offen an.

- Sie bestätigen die gute Wegbeschreibung und die angenehme Anreise.
- Sie nehmen alle Informationen und Eindrücke interessiert auf, um sie nach dem Gespräch für sich auszuwerten.

Eine vorschnelle Meinungsbildung beeinflusst auch Ihr Verhalten und schränkt Ihre Aufnahmebereitschaft ein. Im schlimmsten Fall bauen Sie sich damit selbst Kommunikationsbarrieren auf. Nehmen Sie offen und neugierig alle Informationen auf.

Wenn es darum geht, ein Gespräch positiv zu gestalten, bieten Gemeinsamkeiten schöne Ansatzpunkte. Solche Gemeinsamkeiten oder Anknüpfungspunkte sind z.B. Kontakte (Telefongespräche) im Vorfeld des ersten persönlichen Kennenlernens. Waren sie positiv und erfreulich, bieten sie ideale Anknüpfungspunkte bei der persönlichen Kontaktaufnahme. Waren sie eher negativ - wie z.B. eine notwendige Terminverschiebung -, haben Sie die Wahl: Sie erwähnen sie lieber nicht mehr oder Sie stellen das sehr positive Entgegenkommen Ihres Gegenübers mit einem Dank in den Vordergrund.

Um etwas mehr über die Wirkung des ersten Eindrucks zu lernen, achten Sie einfach einmal bei sich selbst auf den Prozess der Meinungsbildung.

Checkliste: Wie bilde ich mir eine Meinung?

Wie schnell bilde ich mir eine erste Meinung?	
Was nehme ich bei anderen zuerst wahr?	
Was wirkt positiv und was negativ auf mich?	
Wo gehen meine Blicke hin? Schuhe, Hände, Haare?	
Wie wirken besondere Merkmale auf mich (z.B. starke	

Dialekte oder Äußerlichkeiten)?	
Kann ich spüren, wie in dieser Phase auch meine ganz persönlichen Vorurteile wirken?	
Wie fest ist meine erste Meinung?	
Wann bin ich bereit, meine Meinung zu korrigieren?	

Wenn Sie einen Eindruck für diese Prozesse bei sich selbst gewinnen, können Sie sich leichter vorstellen, wie Ihr Gegenüber wahrnimmt. Dann können Sie durch Ihr Verhalten aktiv dazu beitragen, die Situation so positiv wie möglich zu gestalten. Der erste Eindruck bietet die erste Chance zur erfolgreichen Beeinflussung der Gesprächssituation.

Wenn Erwartungen enttäuscht werden

Anhand Ihrer Unterlagen und eventueller telefonischer Kontakte hat sich Ihr Ansprechpartner eine Meinung über Sie gebildet. Diese ist mit bestimmten Erwartungen an Ihre Person verknüpft. Vielleicht hofft er, dass Sie die oder der Richtige sind und die Suche für ihn ein Ende hat. Ganz gleich, was er erwartet, er wünscht sich, im persönlichen Gespräch mit Ihnen all seine Erwartungen bestätigt zu bekommen. Wie reagieren sie, wenn Ihre Erwartungen nicht erfüllt werden? Stellen Sie sich vor, Sie haben sich bei einem Unternehmen mit einem guten regionalen Ruf beworben. Sie stellen sich das Gebäude vor, sehen Büroräume mit schönen modernen Möbeln usw. vor sich. Bei Ihrer Ankunft im Unternehmen kommen Sie in einen alten Hochhaustrakt, der sich über einen Maler sehr freuen würde. Die Büros, an denen Sie vorbeigehen, sind eng und voll gestellt, Ihr Gesprächspartner sitzt in einem Großraumbüro. Wie geht es Ihnen? Freuen Sie sich immer noch auf einen Job in diesem Unternehmen? Ähnlich geht es Ihrem Gesprächspartner. Wenn sich für ihn zu Beginn oder im Verlauf des Gesprächs abzeichnet, dass seine Erwartungen nicht erfüllt werden, ist es verständlich, dass er enttäuscht reagiert.

Wie stark diese Reaktion ist, ist davon abhängig, wie hoch seine Erwartungen sind. Vielleicht hat er schon kommuniziert, dass eine herausragende Bewerberin oder ein herausragender Bewerber kommt. Dann droht ihm zusätzlich zur persönlichen Enttäuschung noch ein „Gesichtsverlust" bei Kollegen oder Vorgesetzten. Es ist also Ihre Aufgabe, Ihr Verhalten so auszurichten, dass Ihrem Gegenüber diese Enttäuschung erspart bleibt. Das sagen wir nicht zum Schutz des Personalverantwortlichen. Ist der Personalverantwortliche in seinen Erwartungen enttäuscht, werden Sie mit relativ hoher Wahrscheinlichkeit eine Absage bekommen. Die gilt es zu vermeiden.

Wie können Sie sich verhalten?

Sie sind dafür verantwortlich, dass Ihre schriftlich eingereichten Informationen mit der Wirklichkeit übereinstimmen - und das beginnt bereits bei Kleinigkeiten:

Enttäuschungen vermeiden

- Ihre äußere Erscheinung auf dem Bewerberfoto und beim Vorstellungstermin entsprechen einander. Das heißt, Sie reichen nur ein neues Foto ein und wählen für Ihren Fototermin angemessene Kleidung, wie Sie sie vergleichbar auch im Vorstellungsgespräch tragen.

- Aussagen über Ihre Fähigkeiten und Kompetenzen aus Ihrem Anschreiben und Lebenslauf können Sie im Gespräch überzeugend bestätigen und beweisen (Situation, Aktion und Ergebnis).

- Sie haben in Ihrer Bewerbung keine wesentlichen Informationen ausgelassen, die die Gefahr beinhalten, Ihren Gesprächspartner in seinen Erwartungen zu enttäuschen.

Wie Ähnlichkeiten wirken

Kennen Sie das? Sie treffen auf einem Fest jemanden zum ersten Mal. Nach kurzem Gespräch stellt sich heraus, dass Sie beide mit Leidenschaft das gleiche Hobby pflegen. In kürzester Zeit wird aus einem eher oberflächlichen Smalltalk ein angeregter und intensiver Austausch über Ihr Hobby. Ihren Gesprächspartner finden Sie sehr schnell sympathisch. Was passiert in dieser Situation? Hier wirken die wahrgenommenen Ähnlichkeiten zwischen den Personen. Sie wirken sich positiv auf die erlebte Sympathie aus, die wir einer Person entgegenbringen. Krasse Unterschiede bzw. Gegensätze schränken dagegen das Maß der Sympathie ein. Hat jemand das gleiche Hobby wie ich, kommt er aus der gleichen Stadt wie ich oder kennt und mag er jemanden, den ich mag, ist er mir viel sympathischer, als wenn dies nicht der Fall ist.

Das beschriebene Phänomen gilt auch für Ihre Vorstellungsgespräche. Die Ähnlichkeit, die Ihr Gesprächspartner in Bezug auf Ihre Person erlebt, wirkt sich positiv auf die Ihnen entgegengebrachte Sympathie und damit positiv auf Ihre Einstellungschancen aus.

Wie können Sie sich verhalten?

Übereinstimmungen herausstellen

- Erfahren Sie im Gespräch, dass es Übereinstimmungen in Hobbys, Interessen, Dingen und Menschen, die Sie kennen, gibt, lassen Sie einfließen, dass Sie in diesem Bereich auch Vorlieben und Interessen haben: „Sie haben auch einmal in Mannheim gewohnt. Das finde ich schön. Ich habe dort während meines Studiums in der Rudolphstraße gewohnt. Die ist ja gleich um die Ecke von der Wernerstraße ..."

- Lassen Sie sich ruhig auf ein kurzes Gespräch über die entdeckte Gemeinsamkeit ein. Ihr Gegenüber fühlt sich evtl. wohl, wenn er ein wenig mit Ihnen darüber plaudern kann. Das Gesprächsangebot hierzu sollte aber nur von Ihrem Gesprächspartner kommen.

- Hören Sie erst gut zu, bevor Sie Aussagen über die entdeckte Gemeinsamkeit machen. Trotz eines gemeinsamen Hobbys kann die Einschätzung sehr unterschiedlich sein. Sie sollten Ihren Gesprächspartner in seiner Haltung bestätigen. Können Sie dies aufgrund Ihrer eigenen Überzeugung nicht, halten Sie sich lieber zurück, anstatt zu widersprechen. Sie wollen ja keinen Freizeitpartner gewinnen, sondern eine neue Stelle bekommen.

- Wenn Sie im Gespräch erkennen, dass es bei Interessen oder in einigen Dingen größere Unterschiede gibt, versuchen Sie nicht, den anderen von Ihrer Meinung zu überzeugen. Im Vorstellungsgespräch müssen Sie nur von sich, nicht von freizeitbezogenen Meinungen überzeugen.

- Erst gut zuhören ist auch geboten, wenn Sie feststellen, dass Sie gemeinsame Bekannte haben. Prüfen Sie, ob Ihr Gesprächspartner dieser Person wirklich wohlwollend gegenübersteht. Auch wenn Sie sich in Ihrer negativen Meinung über eine Person einig sind, halten Sie sich selbst mit Meinungsäußerungen zurück. In einer Bewerbungssituation ist „schlechte Nachrede" Ihrerseits immer die falsche Verhaltensweise, und zwar ganz gleich, auf wen sie bezogen ist.

Der letzte Eindruck

Bei der Beschreibung des ersten Eindrucks zu Gesprächsbeginn haben wir beschrieben, wie Sie von Anfang an aktiv Ihre Einstellungschancen mitbestimmen können. Sie tun dies vom ersten bis zum letzten Augenblick des Gesprächs. In der letzten Phase, dem Gesprächsabschluss, kommt die Wirkung des so genannten „letzten Eindrucks" zu tragen.

Der „letzte Eindruck" besagt, dass wir die Informationen und Eindrücke, die wir zuletzt aufnehmen, besser behalten als zuvor aufgenommene. Kein Wunder, denn es sind die neuesten Informationen, die wir im Kopf haben. Es kann aber passieren, dass diese Informationen vorher aufgenommene übermäßig stark beeinflussen und unsere Meinungen verzerren. Passiert Ihnen also am Ende des Gesprächs ein Patzer, kann es sein, dass Ihr Gesprächspartner zu dem Urteil kommt: „Das Gespräch ist gut verlaufen, wir haben einen sehr guten Eindruck gewonnen. Aber dann, die Aussage am Ende des Gesprächs, hat alles wieder in Frage gestellt. Sehr schade". Das muss nicht sein, zumal Sie durch Ihr Verhalten dazu beitragen können, dass das Gespräch harmonisch und wohlwollend endet.

Wie können Sie sich verhalten?

Konzentration und Beständigkeit

- Sie bleiben im gesamten Gespräch gleich bleibend aktiv und interessiert.

- Sie halten kontinuierlich Kontakt zu Ihrem Gesprächspartner.

- Sie lassen sich auch am Ende des Gesprächs in einer vielleicht jetzt schon vertrauten Atmosphäre nicht zu persönlichen Aussagen verleiten.

- Sie verabschieden sich freundlich, auch von der Sekretärin, und bedanken sich für das Gespräch.

Wie Sie Sympathie erzeugen

Alle genannten Wahrnehmungstendenzen sollen Ihnen helfen, die Situation so zu gestalten, dass Ihr Gegenüber Ihnen viel Sympathie entgegenbringt. Er soll das Gespräch mit der Überzeugung: „Das ist unsere neue Mitarbeiterin/unser neuer Mitarbeiter" beenden.

Je sympathischer Sie sich sind, desto leichter wird das Gespräch. Sie können etwas tun, um die Sympathie, die Ihr Gegenüber Ihnen entgegenbringt, zu steigern.

Die erlebte Sympathie steht in einer engen Wechselwirkung mit der von Ihnen gezeigten Aktivität und der Intensität des Kontakts. Alle drei Aspekte Aktivität, Intensität und Sympathie - beeinflussen sich gegenseitig. Von Ihnen am stärksten beeinflussbar ist die Variable der Aktivität. Bringen Sie sich aktiv in das Gespräch ein. Ihre Aktivität ist einfach die Summe aus Ihrem verbalen (Sprache, Ausdruck etc.) und nonverbalen (Haltung, Gestik, Mimik etc.) Kommunikationsverhalten und Ihrer Initiative. Was hindert Sie also, aktiv Kontakt aufzunehmen und zu gestalten?

Die Intensität Ihrer Aktivität richten Sie an Ihrem Gesprächspartner aus. Ist dieser eher ruhig und vorsichtig, sollten Sie sich etwas zurücknehmen, nicht zu laut sprechen und ihn nicht unterbrechen. Ist er eher lebendig und dynamisch, können Sie ebenfalls lebendiger agieren.

Gelingt es Ihnen, sich in Ihrem Verhalten auf Ihren Gesprächspartner einzustellen, wird auch die erlebte Ähnlichkeit zunehmen. Und das wirkt sich positiv auf die entgegengebrachte Sympathie aus.

Wie können Sie sich verhalten?

Stellen Sie sich auf den anderen ein

- Sie sind sich darüber bewusst, dass ein Vorstellungsgespräch ein Dialog ist, und gestalten es entsprechend.

- Sie bringen sich eigenständig in das Gespräch ein und reagieren nicht nur auf Fragen Ihres Gegenübers.

- Sie haben Ihre Fragen an das Unternehmen griffbereit und bringen sie in das Gespräch ein.

- Sie versuchen, sich in Ihrem Gesprächsverhalten auf Ihren Gesprächspartner einzustellen.

– Sie sind konzentriert, hören Ihrem Gegenüber aufmerksam zu und greifen interessante oder für Sie wichtige Aspekte in Ihren eigenen Beiträgen auf.

6. Wie verhalte ich mich im Vorstellungsgespräch?

> **Praxis-Beispiel:**
> **Damit das Gespräch einen positiven Verlauf nimmt**
>
> Gespräche sind für Kristina W. eigentlich nichts, was sie planen würde. Das bremst die Spontanität, denkt sie, und verstellen soll man sich schließlich auch nicht. Ein guter Bekannter von ihr hat kürzlich aber von „Tricks der Gesprächsführung" gesprochen, die das Gespräch positiver verlaufen lassen. Interessiert schaut sie nach, was sie zu diesem Thema findet...

Um Ihre Selbstpräsentation abzurunden, geben wir Ihnen jetzt noch einige Anregungen zu Gesprächsführung, Rhetorik und Argumentation. Wenn Sie diese beherzigen, kann eigentlich nichts mehr schief gehen.

> **Experten-Tipp:**
> **Üben, üben, üben**
>
> Wir können Ihnen in diesem Buch eine Menge Anregungen, Wissen und Tipps mit auf den Weg geben. Dieses Wissen aber in Verhalten umzusetzen bleibt Ihre Aufgabe. Das heißt, alles was Sie lernen, also zur eigenen Kompetenz machen wollen, müssen Sie ausprobieren und immer wieder üben. Beim Üben macht die Wiederholung den Meister und jedes Vorstellungsgespräch ist eine gute Übung. Also ärgern Sie sich nicht, wenn es nicht geklappt hat mit der neuen Stelle. Verbuchen Sie Ihre Erfahrungen positiv unter dem Aspekt „wieder etwas Wertvolles gelernt".

Auch wenn Ihre Vorstellungsgespräche für Sie spannender sind und Sie sie wahrscheinlich als belastender als der Unternehmensvertreter empfinden sie haben beide das gleiche Interesse: herauszufinden, ob Sie zukünftig zusammenarbeiten können. Die Ziele werden Sie beide nur in einem konstruktiven Dialog, in dem der gegenseitige Informationsgewinn im Vordergrund steht, erreichen. Nachfolgende Tipps und Strategien helfen Ihnen bei der Gesprächsführung.

Vor dem Reden steht das Zuhören

In Ihrem Gespräch geht es für beide Seiten darum, partnerschaftlich zu prüfen, inwieweit sich die gegenseitigen Interessen decken und eine solide Basis für eine zukünftige Zusammenarbeit bieten. Nicht nur das Unternehmen trifft eine Entscheidung. Auch Sie müssen Informationen sammeln. Sie müssen eine Entscheidung für oder gegen dieses Unternehmen als richtigen Arbeitgeber treffen.

Hören Sie aufmerksam zu und nehmen Sie alle Ihnen angebotenen Informationen auf. Zuhören hat aber noch weitere Vorteile: Nur wer gut zuhört, lernt den Bedarf des anderen kennen und kann im Gespräch flexibel reagieren und gezielt auf den Gesprächspartner und seinen Bedarf eingehen.

- Welche Informationen werden an Sie weitergegeben?
- Welche Informationen werden nicht weitergegeben?
- Bei welchen Themen reagieren Ihre Gesprächspartner zurückhaltend oder reserviert?
- Welcher Bedarf wird formuliert?
- Was wird besonders betont und in den Vordergrund gestellt?
- Welche Anforderungen werden formuliert?
- Was ist Ihren Gesprächspartnern besonders wichtig (was bringen sie z.B. mehrmals ein)?

Experten-Tipp:
Fragen Sie gegebenenfalls nach

Sollten Sie Informationen erhalten, die Sie nicht einordnen können, Aussagen hören, die Ihnen nicht klar und verständlich sind, fragen Sie nach. Antworten Sie nie, ohne dass Sie die Frage wirklich verstanden haben.

Wie mache ich deutlich, dass ich wirklich interessiert bin?

Auch beim Zuhören können Sie vermitteln, dass Sie offen und wirklich interessiert sind. Ihre Aufmerksamkeit können Sie signalisieren, in dem Sie mit kleinen verbalen (ja, mh, aha etc.) oder nonverbalen (Nicken) Äußerungen den Ausführungen Ihres Gesprächspartners folgen.

Machen Sie sich Notizen zu den inhaltlichen Aussagen, damit Sie später prüfen können, ob sich Ihre Vorstellungen mit dem Angebot des Unternehmens decken. Beschränken Sie Ihre Notizen auf Stichpunkte. Wenn Sie zu viel schreiben, sind Sie noch beim letzten Satz und verpassen den nächsten. Notieren Sie wenig, dafür Prägnantes.

Schauen Sie Ihr Gegenüber an, wenn er spricht. Denn nicht nur die inhaltlichen Aussagen, sondern auch seine nonverbalen Äußerungen enthalten wichtige Informationen für Sie. So können Sie z.B. mitbekommen, wo es Ihrem Gesprächspartner schwer fällt, über etwas zu berichten, wann er zögert, wann er selbst begeistert ist usw. Unstimmigkeiten zwischen dem gesprochenen Wort und der „Wahrheit" werden schnell im nonverbalen Verhalten sichtbar. Die Gestik wird z.B. unruhiger, die Mimik angespannter und der Blickkontakt geringer.

Unterbrechen Sie nicht. Sie können Ihre Meinung noch früh genug äußern, nämlich dann, wenn Ihr Gesprächspartner ausgeredet hat.

Richtig zuhören heißt auch, nicht, während der andere noch spricht, schon darüber nachzudenken, was Sie als Nächstes sagen wollen. Wenn Sie selbst denken, können Sie nicht mehr zuhören. Wichtige Informationen gehen Ihnen verloren.

In Ihren Antworten können Sie die Aussagen des anderen noch einmal aufgreifen. Damit unterstreichen Sie, dass Sie das Gesagte aufmerksam aufgenommen haben.

> **Praxis-Beispiel:**
> **Aussagen des Gesprächspartners aufnehmen**
>
> „Sie haben gerade erwähnt ..."
>
> „Wenn ich Sie richtig verstanden habe ..."
>
> „Den von Ihnen angesprochenen Aspekt, der ..."

Hören Sie unbedingt heraus, welchen Bedarf Ihr Gegenüber hinsichtlich der zu besetzenden Position formuliert. Haben Sie gut zugehört, können Sie mit Ihren Ausführungen gezielt darauf eingehen. Die Kompetenzen und Erfahrungen, die Sie von sich einbringen, bieten dem Unternehmen einen hohen Nutzen, wenn sie den Bedarf decken.

Wie kann ich meine Kompetenzen richtig „verkaufen"?

In fast jedem Gespräch können Sie mit den Fragen: „Was sind Ihre Stärken?" und: „Was können Sie nicht so gut?" rechnen. Mit einer guten Vorbereitung und einer eigenen Stärken-Schwächen-Analyse sind diese Fragen gar nicht so schlimm, wie sie sich vielleicht für Sie anhören.

> **Praxis-Beispiel:**
> **Auf den Bedarf eingehen**
>
> Personalleiter im Vorstellungsgespräch: „Bei uns geht es häufig ziemlich hektisch zu. Es ist nicht leicht, den Überblick zu behalten. Die Trainees, die Auszubildenden und die Praktikanten, alle müssen bestimmte Bereiche durchlaufen, sind dadurch ständig an anderen Einsatzorten. Dazu kommen die Anfragen, dass dringend jemand in Abteilung X gebraucht wird. Ich brauche jemanden, der in der Lage ist, verschiedene Sachen gleichzeitig im Blick zu haben. Können Sie das?" (Durch den Personalleiter formulierter Bedarf: Organisationstalent und Belastbarkeit)

> Bewerber: „Ich arbeite sehr strukturiert und liebe eine gute Organisation (Stärke). In meiner jetzigen Position habe ich für unsere Projektorganisation eine Übersicht für das interne Netzwerk entworfen. Alle Projektmitarbeiter haben darin Einblick und jeder kann sofort sehen, wo welche Kapazitäten zur Verfügung stehen. (Situation und eigenes Handeln). Die Flexibilität, die wir dadurch erreicht haben, hat dazu geführt, dass wir seitdem keinen Meilenstein und Endtermin mehr verpasst haben (Nutzen).
>
> Der Bewerber geht in seinen Ausführungen nicht nur konkret auf den Bedarf ein, er zeigt gleichzeitig auch den Nutzen, der durch seine genannten Stärken entsteht, auf.

Behaupten Sie nicht, Sie könnten etwas, das Sie gar nicht können. Solche Vortäuschungen falscher Tatsachen sind spätestens bei Arbeitsbeginn offensichtlich.

Welche Schwächen Sie nennen, wenn Sie danach gefragt werden, sollten Sie sich im Vorfeld überlegen. Das, was Sie benennen, sollte sicherlich nicht eine der geforderten Muss-Anforderungen für die Stelle betreffen. Eine gute Möglichkeit ist, beim Benennen der Entwicklungsfelder aufzuzeigen, was Sie getan haben, gerade tun und noch tun werden, um die notwendige Kompetenz kurzfristig zu erwerben.

Ebenso ist es vorteilhaft, Sie nur in Verbindung mit Stärken zu nennen, die Ihre Schwächen kompensieren.

> **Praxis-Beispiel:**
> **Schwächen richtig verkaufen**
>
> „Manche meinen, ich wäre etwas übergenau oder pingelig. Aber aufgrund meiner Strukturiertheit habe ich noch bei keinem Liefertermin Verzögerungen gehabt."
>
> „Ich bekomme seit drei Jahren immer die höchste Sonderprovision aufgrund meiner Verkaufserfolge und Umsatzzahlen. Aber ich habe auch immer den meisten Ärger mit meinem Chef, weil er sich in meinem Papierkram nicht zurechtfindet. Ich habe mich mit Hilfe eines Organisationshandbuchs schon verbessert und arbeite noch weiter an mir."

Bevor Sie eine Frage als Frage nach einer Stärke oder Schwäche interpretieren, fragen Sie nach, ob Sie Ihr Gegenüber richtig verstanden haben. Beispielsweise könnten Sie auf die Frage: „Können Sie unter Druck arbeiten?" antworten: „Welche Art von Druck meinen Sie genau?"

Das richtige Auftreten und Verhalten im Gespräch

Grundsätzlich ist Ihr Gesprächsverhalten durch freundliche Sachlichkeit und seriöses Auftreten gekennzeichnet. Agieren und argumentieren Sie nicht emotional. Selbst wenn Sie z.B. mit Ihrem aktuellen Arbeitgeber Konflikte haben, sollten Sie sich jede emotionale Äußerung verbieten.

Wer steuert das Gespräch?

Die Eröffnung des Gesprächs dürfen Sie Ihrem Gesprächspartner überlassen. Niemand erwartet von Ihnen, dass Sie die Initiative übernehmen oder sogar das Gespräch steuern.

Während des Gesprächs bleibt die Gesprächsführung bei Ihren Partnern. Das heißt aber nicht, dass Sie nicht auch selbst lenken können. Wenn Sie das tun, dann aber geschickt und gekonnt. Der Königsweg dazu sind Fragen. Wenn Sie im Gespräch lediglich auf Fragen antworten, sind Sie die ganze Zeit in einer Position, in der Sie nur reagieren und nicht gestalten können. Über Fragen können Sie gekonnt Ihre eigenen Schwerpunkte im Gespräch setzen:

- Sie rücken Themen, die Ihnen wichtig erscheinen, stärker in den Vordergrund.

- Sie vertiefen bestimmte Aspekte.

- Sie führen zu Feldern, in denen Ihre Stärken liegen.

Fragen heißt aber nicht, den Gesprächspartner ausquetschen und eine Frage an die andere reihen. Ihr Vorstellungsgespräch ist ein Dialog. Und Dialog bedeutet einen fließenden Wechsel zwischen Fragen und Antworten auf beiden Seiten. Beide Seiten sollen mit einem Gewinn aus dem Gespräch gehen.

Es gibt mehrere Interviewer: Wie verhalte ich mich richtig?

Zum Teil werden Sie Ihre Vorstellungsgespräche mit mehreren Unternehmensvertretern gleichzeitig führen. Bei vielen Unternehmen ist es üblich, dass mindestens zwei Personen das Gespräch begleiten. Alle Gesprächspartner wollen zwar das gleiche Ziel erreichen, können dabei aber im Einzelnen sehr unterschiedliche Interessen verfolgen:

- Vertreter der Fachabteilung sind z.B. nachhaltig daran interessiert, Ihr Fachwissen bis in die tiefsten Ebenen zu überprüfen.

- Der Personalvertreter ist an einem Gesamteindruck und an Ihren zwischenmenschlichen Fähigkeiten interessiert.

Aber auch hinsichtlich der gewünschten Ausprägung der Fähigkeiten können die Interessen unterschiedlich sein. Was dem einen schon zu viel ist, reicht dem anderen noch nicht. Es kann also sein, dass Sie für den einen das Richtige sagen, Ihre Aussage vom anderen aber abgelehnt wird. Diesen Konflikt können Sie im Gespräch nicht lösen. Sie können nur über genaues Zuhören herausbekommen, was die einzelnen Beteiligten wollen und wie Sie ihre Interessen am besten befriedigen können. Lassen Sie sich nicht irritieren.

Sie können sich helfen, indem Sie sich mit Ihren Antworten immer an den Fragenden wenden. Während Sie sprechen, suchen Sie nur kurz Blickkontakt zu den anderen Gesprächspartnern. Damit überprüfen Sie deren Reaktion und halten den Kontakt zu ihnen aufrecht.

Gibt es einen Gesprächsführer, wenden Sie sich zwischendurch immer wieder den anderen Gesprächsteilnehmern zu, um auch zu ihnen Kontakt zu halten. Manchmal kommt es vor, dass ein oder zwei Personen mit Ihnen reden und der Rest sich nur Notizen macht. Versuchen Sie nicht, in dieses Verhalten etwas hineinzuinterpretieren. Akzeptieren Sie es, ohne die Schreibenden zu missachten. Vorgehensweisen und Strategien von Unternehmen und Personalentscheidern sind z. T. sehr unterschiedlich.

Muss ich auf alle Fragen antworten?

> **Praxis-Beispiel:**
> **„Unverschämte" Fragen**
>
> Die Freundin von Maria S. kam letztens ganz verunsichert von einem Vorstellungsgespräch nach Hause. Ihr Gesprächspartner hatte Sachen gefragt, die ihrer Meinung nach gar nichts mit dem Job an sich zu tun hatten. Sie wusste nicht, wie sie reagieren sollte, und hatte hinterher ein ungutes Gefühl beim Gedanken an das Gespräch. Dem möchte Maria vorbeugen, sie informiert sich darüber, was „erlaubt" ist und was nicht.

Sie müssen immer damit rechnen, dass Ihnen unangenehme Fragen gestellt werden. Diese Fragen können einfach unangenehm sein, z.B. weil es in Ihrem Lebenslauf oder in Bezug auf Ihre fachliche oder persönliche Eignung Punkte gibt, die kritisch sind, oder es können auch Fragen sein, mit denen man Sie ein wenig unter Druck setzen will.

Wahrscheinlich gibt es ein Maß, wo man sagen kann, dass das jetzt zu weit geht oder zu persönliche Bereiche betrifft. Es lässt sich leider nicht pauschal sagen, was ein Gesprächspartner erwartet. Will er sehen, dass Sie den Mut haben, Grenzen zu setzen, oder geht er tatsächlich davon aus, dass seine Strategie richtig ist und Sie „alles" mitmachen müssen?

> **Praxis-Beispiel:**
> **Unangenehme Situationen**
>
> Eine Seminarteilnehmerin erzählte, dass ihr Vorstandsvorsitzender Vorstellungsgespräche immer abends führt, alle Bewerber erst einmal ein bis eineinhalb Stunden warten lässt und die Gespräche dann so lange führt, bis der Bewerber seinen letzten Rückflug nicht mehr bekommt. Es ist noch kein Bewerber vorzeitig gegangen.
>
> Ein anderer Seminarteilnehmer erzählte, dass er es ganz spannend findet zu sehen, wie die Bewerber reagieren, wenn er völlig wahllos und abrupt zwischen verschiedenen Gesprächsthemen wechselt. Er war davon überzeugt, dass es richtig ist, die Bewerber im Gespräch unter Stress zu setzen.

Grundsätzlich sollten sie bedenken, dass hinter einer kritischen Frage noch keine Ablehnung steht, sonst hätte man Sie nicht eingeladen. Aber Ihre Gesprächspartner wollen davon überzeugt werden, dass Sie der richtige Kandidat sind.

Wenn Ihr Gegenüber Zweifel oder Kritik äußert, signalisieren Sie erst Verständnis und argumentieren Sie dann. Bei fehlenden Kompetenzen zeigen Sie auf, was Sie tun, um Ihre Fähigkeiten zu erweitern.

- „Das ist eine berechtigte Frage. Ich ..."
- „Gut, dass Sie das ansprechen ..."
- „Ich verstehe Ihre Zweifel ..."

Werden z.B. fehlende Qualifikationen oder Erfahrungen in einem bestimmten Bereich als für die Position kritisch benannt, versuchen Sie aufzuzeigen, mit welchen anderen Kompetenzen und Erfahrungen Sie diesen „Mangel" kompensieren können.

Praxis-Beispiel:
Ich verstehe, aber...

Personalentscheider: „Ich denke, Sie verfügen nicht über genug Erfahrung in diesem Bereich".

Bewerber: „Ich verstehe Ihre Bedenken. In diesem speziellen Bereich verfüge ich tatsächlich kaum über direkte Erfahrungen. Aber durch meine langjährige Tätigkeit im Personalbereich besitze ich ein hohes Maß an Sensibilität im Umgang mit den unterschiedlichsten Menschen. Das gibt mir die notwendige Ausgangsbasis, um den Anforderungen gerecht zu werden. Darüber hinaus stellen neue Anforderungen immer einen besonderen Anreiz für mich dar, meine Lernfähigkeit unter Beweis zu stellen".

Wie weit geht das Fragerecht des Arbeitgebers?

Es kann schon sein, dass im Vorstellungsgespräch Ihre Interessen und die Ihres potenziellen Arbeitgebers in unterschiedliche Richtungen laufen. Während der Arbeitgeber möglichst viele und umfassende Informationen über Sie gewinnen möchte, wollen Sie vielleicht nicht alle Ihre Person betreffenden Informationen preisgeben.

Aber - in Einstellungsverfahren steht dem Arbeitgeber ein Fragerecht zu. Auf der anderen Seite müssen Sie, ohne dass Ihnen entsprechende Fragen gestellt werden, von sich aus nur solche Informationen weitergeben, die der Arbeitgeber nach Treu und Glauben erwarten darf. Das heißt, Sie müssen Informationen zu solchen Bereichen bzw. persönlichen Einschränkungen geben, die es Ihnen unmöglich machen, die zur Position gehörenden Aufgaben vertragsgemäß zu erfüllen. Bedenken Sie: Falsche oder nicht erfolgte Antworten berechtigen den Arbeitgeber, den Arbeitsvertrag anzufechten. Trotzdem verfügt der Arbeitgeber nicht über uneingeschränkte Rechte. Sie müssen nicht jede Frage, die Ihnen gestellt wird, beantworten.

- Zum einen obliegt es immer Ihrer persönlichen Freiheit, ob Sie antworten oder nicht. Dies gilt insbesondere bei privaten und persönlichen Informationen - Sie sind kein gläserner Mensch.

- Zum anderen hat der Gesetzgeber zum Schutz Ihrer Person und Persönlichkeit Bereiche definiert, die im Vorstellungsgespräch nicht bzw. nur bedingt erfragt werden dürfen.

Werden Ihnen trotzdem Fragen zu diesen Bereichen gestellt, brauchen Sie diese nicht wahrheitsgemäß zu beantworten. Diese Fragen dürfen in der Regel nur gestellt werden, wenn eine besondere und eindeutige Beziehung zur auszuübenden Tätigkeit besteht. Ob Sie die Ihnen gestellten Fragen aus diesem Bereich beantworten, bleibt Ihnen überlassen. Nur Sie können entscheiden, ob die Beantwortung für Sie problematisch ist oder nicht. Sie werden einige hinsichtlich des Schutzes Ihrer Persönlichkeit bedenkliche Fragen auch in unseren Fragebeispielen finden.

Fragen, die gegen das Recht auf Schutz der Persönlichkeit verstoßen:

- Fragen nach Partei-, Kirchen- oder Gewerkschaftszugehörigkeit: Erlaubt sind diese Fragen nur, wenn es sich bei dem Unternehmen, bei dem Sie sich bewerben, um einen sog. „Tendenzbetrieb", d.h. um eine Partei, eine Kirche oder eine Gewerkschaft handelt.

- Fragen nach den finanziellen Verhältnissen: Diese Fragen sind nur bei leitenden Angestellten und Personen in Vertrauensstellung, z.B. Schaltertätigkeit in einer Bank, erlaubt.

- Fragen nach Ihrem bisheriges Gehalt: Dies darf nur erfragt werden, wenn die Angabe Rückschlüsse auf Ihre Qualifikation, wie z.B. bei Verkäufern, erlaubt. Machen Sie hier allerdings überhöhte Angaben, ist der Arbeitgeber berechtigt, den Vertrag anzufechten.

- Fragen nach Lohnpfändungen.

- Fragen nach Vorstrafen: Danach darf nur gefragt werden, wenn Sie sich für eine besondere Vertrauensstellung (z.B. Wach- und Sicherheitsdienst etc.) bewerben oder die Frage klar auf eine Strafe ausgerichtet ist, die mit der zu verrichtenden Tätigkeit zu tun hat, z.B. Verkehrsdelikte bei Kraftfahrern.

- Frage nach einer Schwangerschaft oder der Familienplanung: Die Frage darf auch nicht gestellt werden, wenn sich nur Frauen auf die Position bewerben. Eine Ausnahme besteht, wenn die Stelle ausschließlich von einer nicht schwangeren Frau besetzt werden kann, z.B. Mannequin oder Krankenschwester im Nachtdienst.

- Fragen nach Krankheiten: Ausnahmen bestehen bei berufsrelevanten Krankheiten bei andauernden oder aktuellen Tätigkeitseinschränkungen. So darf z.B. nach einer bestehenden AIDS-Erkrankung gefragt werden, nach einer AIDS-Infektion aber nicht.

- Fragen nach Abstammung und Herkunft.

- Leistung von Wehr- oder Zivildienst.

- Fragen nach Familienverhältnissen, soweit sie sich auf Aussagen zu Scheidungen, getrennten Lebensverhältnissen oder außerehelichen Lebensgefährten beziehen. Nach Kindern und Ehepartnern darf gefragt werden. Bei kirchlichen Arbeitgebern sind diese Regelungen zum Teil umstritten.

- Die Frage nach Hobbys ist nur so weit zulässig, wie die Freizeitgestaltung Hobbys einen aussagekräftigen Rückschluss auf besondere Qualifikationen bietet (z.B. Sportartikelverkäufer).

Experten-Tipp:
Fragerecht

Grundsätzlich darf der Arbeitgeber nur nach Dingen fragen, die bei der Besetzung der Stelle eine Rolle spielen. Ob der Bewerber nun seit 40 Jahren verheiratet ist oder noch bei seinen Eltern lebt, geht den Arbeitgeber nichts an.

Was gefragt werden darf

- Beruflicher Werdegang und Vorbildung. Achtung: Unrichtige Antworten erlauben dem Arbeitgeber, den Arbeitsvertrag anzufechten.

- Gründe Ihrer Bewerbung und Ihrer Motivation zu wechseln.

- Vorhandene Schwerbehinderungen. Als Bewerber/in brauchen Sie nicht von sich aus darauf hinzuweisen, es sei denn, Sie können die geforderte Arbeit aufgrund der Behinderung nicht leisten. Es darf aber danach gefragt werden und Sie müssen wahrheitsgetreu antworten.

- Ehrenämter.

- Nebentätigkeiten und Mehrfachbeschäftigungen.

Wie kann ich nonverbal Akzente setzen?

Eine gute verbale und nonverbale Ausdrucksfähigkeit überzeugt. Kennen Sie gute Rhetoriker? Diese Menschen verstehen es, durch ihr Ausdrucksverhalten (Wortwahl, Stimmmodulation, Lautstärke, Gestik usw.) viel mehr als durch den gesagten Inhalt zu überzeugen. Eine sehr gute Rhetorik zu erlernen benötigt viel Übung. Einzelne Aspekte kann man mit ein wenig Training erlernen.

Bevor Sie an die Verbesserung Ihrer Ausdrucksfähigkeit gehen, sollten Sie selbstkritisch Ihre heutigen Kompetenzen einschätzen. Beobachten Sie Ihr eigenes Sprachverhalten einmal hinsichtlich der im folgenden Selbstbewertungsbogen aufgeführten Kompetenzen. Das Bewusstsein für kleinere und größere Defizite im Sprach- und Ausdrucksverhalten ist der erste Schritt zur Verbesserung: Nur was ich weiß und selbst einschätzen kann, kann ich auch ändern.

Checkliste: Wie sehe ich mein Kommunikationsverhalten?

Die folgenden Fragen sollen Ihnen helfen, einmal über Ihr Kommunikationsverhalten nachzudenken, sozusagen eine Bestandsaufnahme zu machen. Versuchen Sie einfach einmal, Ihr Verhalten und Ihre Fähigkeiten zu den einzelnen Stichworten, die alle mit Kommunikation zu tun haben, zu beschreiben. Bewerten Sie Ihr Verhalten dann jeweils in der Skala von 1 (schwach) bis 7 (stark).

- Wie ist Ihr diesbezügliches Verhalten, was tun Sie?
- Was gefällt Ihnen gut daran?
- Was gefällt Ihnen nicht so gut daran?
- Wie kommen Sie zu Ihrer Meinung/Einschätzung? Welche Erfahrungen haben Sie gemacht?
- Warum gefällt Ihnen etwas gut oder nicht so gut?

Seien Sie ehrlich zu sich selbst - auch wenn es um Stärken geht.

Selbstbewertungsbogen	1	2	3	4	5	6	7
Wie schätze ich meine Stimmlautstärke ein?							
Wie schätze ich meine Stimmfestigkeit ein?							
Wie schätze ich meine Stimmmodulation ein?							
Wie schätze ich meine Überzeugungskraft ein?							
Kann ich mit klarer Struktur meine Argumente vertreten?							
Wie schätze ich meine Gestik ein?							
Wie schätze ich meine Mimik ein?							
Wie schätze ich meine Körperhaltung ein?							
Kann ich anderen wirklich zuhören?							
Kann ich gezielt nachfragen, um andere wirklich zu verstehen?							
Kann ich offen und leicht auf andere zugehen?							
Kann ich offen und leicht über mich selbst sprechen?							
Bin ich kontaktfreudig?							
Bin ich selbstsicher, wenn ich meine Meinung äußere?							
Kann ich zu anderen Blickkontakt aufnehmen?							

> **Experten-Tipp:**
> **Fragen Sie andere**
>
> Es ist oft sehr schwer, die eigenen Kompetenzen gerade im sprachlichen und nichtsprachlichen Bereich einzuschätzen. Geben Sie den Selbsteinschätzungsbogen Bekannten und Freunden und bitten Sie um eine Einschätzung. Lassen Sie sich deren Einschätzung hinterher erläutern: Was ist genau gemeint mit der Einschätzung? Vielleicht haben Ihre Bekannten ja auch schon ein paar Verbesserungsvorschläge für Sie.

Mit der Stimme Akzente setzen

Unsere Stimme gibt uns vielfältigste Möglichkeiten, unsere Aussagen im gewünschten Licht erscheinen zu lassen, sie zu „unterstreichen":

- lauter oder leiser,
- höher oder tiefer,
- Wechsel im Satz,
- Wechsel am Ende des Satzes.

> **Experten-Tipp:**
> **Anspannung überwinden**
>
> Unter Anspannung, wie Sie sie vielleicht in Ihrem Vorstellungsgespräch spüren, gelingt eine angemessene Stimmmodulation nicht mehr so gut. Wir werden zu laut, zu leise oder sprechen zu hoch. Um im Vorstellungsgespräch Ihre Stimme als rhetorisches Werkzeug einsetzen zu können, müssen Sie vorher üben, Ihre Stimme und ihre Lautstärke ganz bewusst zu steuern.

Gerade für Positionen mit Repräsentationsaufgaben ist die Wirksamkeit der Stimme ein wichtiges Kriterium. Vielleicht wissen Sie selbst, wie anstrengend es ist, wenn jemand immer so leise spricht, dass Sie häufig gefordert sind nachzufragen. Würden Sie so jemanden für eine Vertriebsposition oder eine Position mit viel Telefonkontakt zu Kunden einstellen?

Ähnliches gilt für eine laute Stimme. Hier muss zwar niemand nachfragen, aber vielleicht weicht der Gesprächspartner vor Ihrer lauten Stimme immer weiter zurück und versucht, den räumlichen Abstand zu Ihnen z.B. durch Zurücklehnen im Stuhl zu vergrößern. Wir müssen nicht betonen, welche Auswirkung das auf Ihre Überzeugungskraft hat.

Neben der Lautstärke ist die Stimmmodulation ein wichtiges Mittel, um Aussagen zu gestalten. Eine zu geringe Modulation lässt Sie langweilig und farblos erscheinen. Alles erklingt in gleicher Wichtigkeit oder Unwichtigkeit, Begeisterung und Überzeugungskraft kann nicht entstehen.

> **Experten-Tipp:**
> **Beim Training beachten**
>
> Wenn Sie für Ihre Vorstellungsgespräche trainieren, achten Sie auf diese Aspekte. Lassen Sie sich Rückmeldung geben, machen Sie Video- oder Tonbandaufzeichnungen und überprüfen Sie Ihre Wirkung.

Welches Sprechtempo ist richtig?

Das Tempo, in dem sie sprechen, wirkt gleichfalls auf Ihre Überzeugungskraft:

- Zu schnelles Sprechen wirkt leicht hektisch und unsicher.

- Langsames Sprechen wirkt undynamisch, langweilig oder es kommt der Verdacht auf, jemand denke so langsam wie er spricht.

Experten-Tipp:
Sprechtempo und Überzeugungskraft

Schnelles Sprechen stellt hohe Anforderungen an die Aufmerksamkeit des Gesprächspartners. Jemandem, der schnell spricht, aufmerksam zuzuhören ist anstrengend. Viele Informationen gehen verloren, weil wir sie nicht so schnell verarbeiten können. Mit übermäßig langsamem Sprechen stellen Sie allerdings eine vergleichbare Herausforderung an Ihre Gesprächspartner. Es kann passieren, dass Ihr Gegenüber ungeduldig wird oder nicht mehr zuhört und mit den eigenen Gedanken abweicht.

Im Vorstellungsgespräch kann Ihre erlebte Anspannung dazu führen, dass sich Ihr Sprechtempo verändert. Sie werden vielleicht langsamer, weil Sie sich sehr konzentrieren. Vielleicht - und diese Wahrscheinlichkeit ist größer - werden Sie, wenn Sie aufgeregt sind, eher schneller sprechen. Das schnelle Sprechen unter Aufregung hinterlässt nicht nur einen schwächeren Eindruck hinsichtlich Ihrer Überzeugungskraft. Sie laufen außerdem Gefahr, aus dem Atemrhythmus zu kommen. Wenn Sie aber merken, dass Sie nicht mehr genug Luft zum Sprechen haben, wird das wiederum ihre Nervosität steigern. Ein Teufelskreis.

Ruhig, betont und konzentriert

Was können Sie tun, um Ihr Sprechen wieder unter Kontrolle zu bekommen?

- Machen Sie ab und zu eine kleine Pause. Atmen Sie tief durch. Sie werden sich entspannen und an Überzeugungskraft gewinnen. Ihrem Gegenüber geben Sie einen Moment Zeit, das Gehörte zu verarbeiten. Vermeiden Sie gehetztes Herunterrattern.

- Lernen Sie vermehrt, tief in den Bauch zu atmen. Meist nutzen wir nur unseren Brustkorb zum Atmen. Im Normalfall reicht das auch. Wenn Sie aber viel reden und aufgeregt sind, können Sie über Bauchatmung Ihr Luftvolumen vergrößern. Sie kommen mit mehr Luft beim Sprechen nicht so schnell außer Atem oder aus dem Rhythmus. Darüber hinaus hat die Bauchatmung eine entspannende Funktion.

- Wenn Sie feststellen, dass Sie mit Ihrem Atem aus dem Rhythmus kommen, trinken Sie einen Schluck. Diese kleine unauffällige Pause können Sie nutzen, um sich zu sammeln und tief durchzuatmen.

Beobachten Sie sich im Alltag: Wie sprechen Sie normalerweise? Bitten Sie Training und andere um Rückmeldung.

- Wie verändert sich Ihre Stimme in Abhängigkeit zu Ihrer psychischen Verfassung?
- Was ist, wenn Sie nervös sind?

Üben Sie in alltäglichen Gesprächen, Ihre Stimme mehr oder weniger zu modulieren und Ihr Sprechtempo bewusst zu verändern. Nur dann können Sie in entscheidenden Situationen auf neue Kompetenzen zurückgreifen.

Umgangssprache und schlechte Angewohnheiten

„Ein Bayer in München". Nein, wir wollen nicht so weit gehen zu sagen, dass Sie sich Ihren Dialekt abgewöhnen und ein perfektes Hochdeutsch lernen müssen. Aber es gibt auch für die sprachliche Ausdrucks- und Überzeugungskraft Aspekte, die Ihre Wirkung als Person beeinflussen.

Das Ausdrucksverhalten verbessern

Nutzen Sie kurze Sätze. Kurze Sätze erleichtern das gegenseitige Verständnis. Viel zu oft neigen wir dazu, unsere Aussagen über viele Nebensätze kompliziert und schwer verständlich zu machen. Versuchen Sie, eine Aussage in einem Hauptsatz zu sagen. Gehen Sie mit Nebensätzen eher sparsam um. Das heißt: erst denken, dann reden. Quasseln Sie nicht einfach drauf los, frei nach dem Motto: „Wie soll ich wissen, was ich denke, bevor ich höre, was ich sage". Diszipliniertes Sprechen erfordert auch diszipliniertes Denken.

Nutzen Sie Verben. Viele Menschen lieben es, ihre Sätze mit Hauptwörtern voll zu stopfen. Aber wenn Sie darüber reden, dass Sie etwas tun, sollten Sie dies auch mit Verben – Tätigkeitswörtern - ausdrücken. Substantive machen Sätze schwer und unpersönlich. Sie beschränken die mögliche Dynamik einer Aussage. Nutzen Sie die Anschaulichkeit und Dynamik von Verben:

Substantive	Verben
„Die Reaktion auf den schnellen Abfall der Nachfrage war ..."	„Die Mitarbeiter reagierten auf den schnellen Abfall der Nachfrage ..."
„Die Durchführung des Projekts war ein Erfolg ..."	„Ich führte das Projekt erfolgreich durch ..."
„Der Einsatz der gesamten Abteilung war sehr hoch ..."	„Die gesamte Abteilung setzte sich sehr stark ein ..."
„In meinen Handlungen bin ich sehr schnell und präzise ..."	„Ich handle sehr schnell und präzise ..."
„Die Beteiligung am dem anstehenden Projekt fiel leider zuerst sehr gering aus ..."	„Die Mitarbeiter beteiligten sich zuerst nur sehr gering an dem anstehenden Projekt ..."
„Die Mobilisierung der Mitarbeiter gelang mir mittels ..."	„Ich erreichte es, die Mitarbeiter zu mobilisieren, indem ich ..."
„Die Kommunikation von Informationen muss schnell und umfassend erfolgen ..."	„Informationen müssen schnell und umfassend kommuniziert werden ..."
„Mein Engagement in diesem Bereich ist sehr hoch, da ..."	„Ich engagiere mich in diesem Bereich sehr stark, da ..."
„Der Austausch von Informationen fällt mir leicht ..."	„Es fällt mir leicht, mit anderen Informationen auszutauschen ..."

„Mit liegt es, Strukturen zu finden ..."	„Ich strukturiere gerne ..."

Nutzen Sie positive Formulierungen. Ein und dieselbe Aussage lässt sich meist positiv oder negativ ausdrücken. Es kommt nur darauf an, welche Worte Sie wählen. Die Wirkung ist extrem unterschiedlich. Wenn Sie negative Worte wählen, lösen Sie auch negative Assoziationen bei Ihrem Gegenüber aus. Sie wollen aber von sich überzeugen und einen positiven Eindruck hinterlassen. Mit positiven Formulierungen strahlen Sie Optimismus aus, erzeugen eine gute Stimmung und erwecken den Eindruck, dass Sie das, worüber Sie reden, auch tun. Darüber hinaus verstehen Menschen positive Formulierungen leichter als negative.

Negative Formulierung	Positive Formulierung
„Sie werden Ihre Entscheidung nicht bereuen..."	„Sie werden Freude an unserem Produkt haben ..."
„Das ist ein Problem ..."	„Das ist eine Herausforderung für mich ..."
„Das ist mir nicht möglich ..."	„Denken wir noch einmal gemeinsam darüber nach ..."
„Der Nachteil ist, dass wir noch einige Zeit bräuchten ..."	„Dank unserer Kapazitäten können wir schon in einer Woche beginnen ..."
„Mit den mir zur Verfügung stehenden Mitteln klappt das nicht ..."	„Die von Ihnen genannten Aspekte A und B werden direkt bearbeitet, über die Mittel für Punkt C sollten wir uns noch genauer unterhalten ..."
„Ich werde versuchen, ..."	„Ich werde das sofort erledigen ..."

„Das trifft auf keinen Fall zu ..."	„Aufgrund welcher Informationen sind Sie zu dieser Meinung gelangt?"
„Das glaube ich nicht ..."	„Können Sie das noch einmal erläutern ..."
„Das haben Sie völlig falsch verstanden ..."	„In diesem Punkt habe ich mich nicht deutlich genug ausgedrückt ..."
„Damit werden Sie keine Schwierigkeiten haben ..."	„Das hat für Sie einen großen Nutzen ..."

Trennen Sie sich von überflüssigen „Füll- und Lieblingsworten". Vielleicht kennen Sie auch Menschen, die es sich angewöhnt haben, in fast jeden Satz bestimmte Worte oder Äußerungen einzubauen. Das sind Äußerungen wie o.k., gut, denke ich, witzig, also, eigentlich, halt, vielleicht, ein bisschen, äh usw. Diese Äußerungen schleichen sich unbewusst in unsere Sätze. Wir merken es erst, wenn uns jemand darauf aufmerksam macht. Haben Sie „Lieblingsworte"? Fragen Sie mal Ihre Freunde. Wenn ja, macht nichts - Sie gewöhnen sie sich jetzt ab.

Verwenden Sie Fachausdrücke und Fremdwörter nur, wenn es wirklich notwendig ist. Gerade als Fachmann, Spezialist oder nach einer Universitätsausbildung haben Sie sich eventuell viele Fremd- und Fachwörter angewöhnt. Unter Kollegen und an der Uni gehen Sie wie selbstverständlich damit um und alle wissen, worum es geht. Das können Sie aber nicht als selbstverständlich voraussetzen. Ein Personalleiter muss die Fachworte des Computerspezialisten nicht kennen. Drücken Sie sich im Vorstellungsgespräch nicht zu kompliziert oder wissenschaftlich aus. Damit überzeugen Sie einen handfesten Praktiker nicht. Es kann sogar zu Verständigungsschwierigkeiten führen. Merken Sie sich als Faustregel: Fremd- und Fachwörter und fachspezifische Abkürzungen sind dann erlaubt, wenn sie allgemein verstanden werden oder treffender als das entsprechende deutsche Wort einen Sachverhalt beschreiben. Nutzen Sie nur die Fremdwörter und Fachbegriffe, die Sie auf Nachfragen einwandfrei erklären können.

Vergessen Sie Ihre „Szenesprache". Schnell gewöhnen wir uns die Sprachgewohnheiten unserer Bezugsgruppe an. Szenespezifische Wörter haben im Vorstellungsgespräch aber genauso wenig zu suchen wie Modewörter. Dieser Aspekt kommt sicher am meisten zum Tragen, wenn Sie noch jung sind, also einen Ausbildungsplatz oder die erste Stelle nach dem Studium suchen. Aber wirklich frei ist kaum jemand davon.

Ständig „würden", „hätten" und „könnten" wir. Wir schmücken unsere Aussagen allzu oft mit Konjunktiven, obwohl sie genauso oft überflüssig sind. Zum einen ist das Sprechgewohnheit. Zum anderen verleitet uns unsere Angst, eine klare Aussage zu treffen, dazu. Konjunktive legen uns weniger fest: „Tun Sie etwas oder würden Sie es nur tun?". Konjunktive lassen immer ein kleines Hintertürchen auf. Wenn Sie eine Meinung haben, formulieren Sie sie auch. Das ist nicht nur überzeugender, Ihr Gegenüber hat auch das Gefühl, sich auf Sie verlassen zu können. Hier einige Beispiele:

Konjunktiv	**Besser**
Ich würde sagen ...	*Sie tun es ja schon*
Ich würde denken ...	*Sie tun es ja schon*
Ich würde ...	Ich werde ...
Ich würde vorschlagen ...	Ich schlage vor ...
Ich würde den Vertrag annehmen ...	Ich nehme den Vertrag an ...
Ich würde mich freuen ...	Ich freue mich ...
Ich könnte Sie anrufen ...	Ich rufe Sie an ...
Das wäre allerdings bedauerlich ...	Das ist bedauerlich ...
Mein Terminvorschlag wäre ...	Mein Terminvorschlag ist ...
Könnten Sie mich bitte informieren ...	Können Sie mich bitte informieren ...

Hätten Sie noch einen Moment Zeit...?	Haben Sie noch einen Moment Zeit...?
Könnte ich Ihnen kurz erläutern...?	Kann ich Ihnen kurz erläutern...?
Ich hätte noch eine Frage ...	Ich habe noch eine Frage ...
Wenn Sie sich noch kurz die Zeit nehmen könnten ...	Wenn Sie sich noch kurz die Zeit nehmen ...

Wie viel Aktivität und Dynamik soll ich zeigen?

Erinnern Sie sich, als Sie das letzte Mal zum Gespräch mit dem ruhigen Kollegen aus der Nachbarabteilung zusammensaßen. Er hat kein Wort zu viel gesagt und Sie mussten ihm alles aus der Nase ziehen, nichts kam von ihm alleine. War das nicht sehr anstrengend und ermüdend, vielleicht sogar langweilig?

Ganz anders der Kollege in der Projektgruppe. Der redet ohne Punkt und Komma, den ganzen Tag. Sie kommen kaum zu Wort und müssen immer richtig kämpfen, wenn Sie auch mal was sagen wollen. Kann das Ihre Geduld und Nerven nicht manchmal ganz schön strapazieren?

Sie können davon ausgehen, dass auch Personalverantwortliche beide Typen kennen: Bewerber, die kaum den Mund aufmachen, denen fast jeder Beitrag „aus der Nase" gezogen werden muss, und Bewerber, die so redselig sind, dass die Gesprächspartner kaum noch zu Wort kommen.

> **Experten-Tipp:**
> **Hinterfragen Sie Ihr eigenes Verhalten**
>
> Wie schätzen Sie sich selbst ein? Bringen Sie sich immer gerne überall ein, erzählen gerne von sich und aus Ihrem Leben oder sind Sie eher der stille Beobachter, der selbst wenig sagt? Fragen Sie Ihre Freunde, wie sie Sie erleben.

Für Ihr Vorstellungsgespräch gilt es, das richtige Maß zu finden. Aber was ist das richtige Maß? Es ist positionsabhängig: Jede Position mit Repräsentationsaufgaben und internem oder externem Kundenkontakt erfordert ein gewisses Maß an Kontaktfreude und die Kompetenz, ungezwungen erzählen zu können. Aber auch ein Vertriebsmitarbeiter muss zuhören und sich selbst zurücknehmen können. Von einem Mitarbeiter in der Buchhaltung oder der Entwicklung erwarte ich Kontaktfreude nicht in gleichem Umfang.

- Zeigen Sie sich kontaktfreudig, aktiv und dynamisch: Sie wollen sich selbst optimal als potenzieller Mitarbeiter präsentieren - also müssen Sie dem anderen etwas mitteilen, ohne dass sich dieser jede Information mühsam erfragen muss.

- Zeigen Sie Zurückhaltung und hören Sie zu: Sie wollen Ihre Ansprechpartner kennen lernen und möglichst viel über das Unternehmen und die Position erfahren - dazu müssen Sie schweigen und zuhören können.

> **Experten-Tipp:**
> **Das richtige Maß**
>
> Wer viel redet, redet sich schnell um Kopf und Kragen. Viel zu schnell erzählen Sie, was Sie eigentlich nicht erzählen wollten. Zurücknehmen können Sie es nicht mehr.

Anhaltspunkte für das richtige Maß Ihrer Aktivität und Redebeiträge erhalten Sie aus den verbalen und nonverbalen Rückmeldungen Ihres Gegenübers. Sie verraten Ihnen, ob Ihr Partner genug gehört hat oder noch mehr Informationen von Ihnen haben möchte. Wenn Sie länger an einem Stück sprechen, können folgende nonverbale Zeichen Ihres Gegenübers darauf hinweisen, dass Sie jetzt besser mal eine Pause machen, Ihre Aussagen kürzer fassen und ihn wieder zu Wort kommen lassen.

Checkliste: Wann soll ich eine Pause machen?

Was	ja	nein
Nonverbale Hinweise		
Häufigere Ansätze, etwas zu sagen (Öffnen und wieder Schließen des Mundes)		
Gestiken, die „Stopp" sagen sollen, z.B. wiederholtes Anheben der Hand		
Vermehrtes Räuspern oder tiefes Durchatmen		
Häufiges Bewegen der Füße		
Häufiges Verändern der Sitzposition oder des Stuhls		
Vermehrtes Minenspiel, was durchaus auch Unmut äußert		
Vermehrter Blickkontakt zu Kollegen		
Umherschauen im Raum		
Blättern in den Unterlagen		
Zurücklehnen, um die Distanz zu Ihnen zu vergrößern		
Verbale Hinweise		
„Können Sie uns ganz kurz schildern ..."		
„Bitte nennen Sie uns nur die wesentlichen ..."		
„Beschränken Sie sich auf die wichtigen ..."		

Vergleichbare Signale werden Sie bemerken, wenn Ihr Gesprächspartner Sie nicht mehr um jede Information bitten möchte. Werden Sie etwas freizügiger mit Ihren Informationen. Zu Beginn des Gesprächs hat man für Ihre Zurückhaltung noch Verständnis. Irgendwann - nicht zu spät - müssen Sie Ihre Hemmung überwinden. Sie haben ein Ziel: Sie wollen diese Stelle und Sie wollen Informationen über das Unternehmen.

> **Experten-Tipp:**
> **„Biss" in Führungs- und Verkaufspositionen**
> Zeigen Sie Ihr Selbstbewusstsein und Ihre Durchsetzungsfähigkeit, ohne dominant zu erscheinen. Unterwürfiges und nur anpassungsorientiertes Verhalten hat eine geringe Überzeugungskraft.

Wie kann ich ruhiger werden?

Selbstsicherheit, innere Ruhe und Überzeugungskraft in Ihren Vorstellungsgesprächen zu erreichen ist das Ziel Ihrer Vorbereitung. Innere Ruhe heißt dabei nicht, dass Sie nicht nervös sein dürfen. Jeder Personalentscheider weiß um Anspannung und Nervosität von Bewerbern und gibt Ihnen in dieser Hinsicht Bonuspunkte. Wir alle sind in neuen/fremden Situationen angespannt und unser Adrenalinspiegel ist erhöht. Das ist auch nicht weiter schlimm. Ihre Anspannung macht Sie wachsam, steigert Ihre Aufmerksamkeit und lässt sie schneller reagieren.

Nehmen Sie nichts ein. Das beste Mittel gegen Ihre Nervosität ist Ihre gute Vorbereitung.

> **Experten-Tipp:**
> **Anspannung als positive Energiequelle akzeptieren**
> Akzeptieren Sie Ihre Anspannung als positive Energiequelle, die Ihre Sinne schärft. Nutzen Sie die Kraft, die Ihnen Ihr Körper zur Verfügung stellt. Sagen Sie einfach: „Gut, mein Körper und mein Geist sind einsatzbereit und kraftvoll. Ich werde diese Kraft zur Erreichung meiner Ziele nutzen". Fatal ist die innere Haltung: „Oh Gott, ich bin so nervös, es wird schief gehen".

Nach dem „Gesetz, der sich selbst erfüllenden Prophezeiung" passiert genau das, was wir denken, dass es passieren wird. Mit unserem Denken beeinflussen wir unser Handeln auf so subtile Weise, dass wir es selbst nicht merken. Unbewusst beeinflussen wir die gesamte Situation und alle Beteiligten. Denken Sie daran, dass Sie die Situation gut und nach bestem Wissen meistern werden, dann klappt es auch.

Sind Sie überdurchschnittlich nervös und merken, dass Sie dadurch in Ihrem Verhalten behindert sind, sprechen Sie Ihre Anspannung ruhig an. Allein das kann schon helfen, sie zu reduzieren. Spricht Sie Ihr Gegenüber auf Ihre offensichtliche Nervosität an, ist dies kein Angriff, sondern der Versuch, Ihnen die Angst und Anspannung zu nehmen.

> **Experten-Tipp:**
> **Entspannungstechniken**
>
> Wenn Sie wissen, dass Sie in belastenden Situationen mit erhöhter Nervosität reagieren, sollten Sie grundsätzlich an diesem Thema arbeiten. Belastende Situationen werden sich für Sie immer wieder, auch ganz unabhängig von der Stellensuche ergeben. Es gibt viele Entspannungstechniken, die Sie zu Hause ohne großen Aufwand mit CDs oder Büchern lernen können. Auch Volkshochschulen bieten günstige Kurse zu Entspannungstechniken. Wenn Sie Atemtechniken lernen, können Sie diese vor einem Gespräch nutzen, um sich zu entspannen.

Sportler arbeiten mit mentalen Techniken, um ihre Leistungsfähigkeit zu steigern. Bilder, die wir in unserem Kopf erzeugen, helfen uns, unser reales Verhalten zu verbessern und unsere Stimmung zu beeinflussen.

Sie können Ihre Stimmung beeinflussen, indem Sie sich an eine Situation erinnern, in der Sie ruhig und sehr leistungsfähig waren, in der Sie guter Stimmung waren und viel Selbstvertrauen hatten. Wichtig ist dabei, dass Sie sich die Situation sehr konkret vorstellen.

- Was haben Sie gesehen: Menschen, Farben, Natur, Häuser, Gegenstände?

- Was haben Sie gehört?

- Was wurde gesprochen?
- Was haben Sie gerochen oder geschmeckt?
- Wie haben Sie sich gefühlt? Spüren Sie diesem Gefühl nach.

Wenn die Situation sehr real für Sie zu sehen, zu hören und zu spüren ist, suchen Sie sich ein kleines Zeichen (kurzer Druck von einer Hand auf die andere), das zukünftig für Sie das Symbol für dieses Gefühl ist. Wenn Sie dies ein paarmal wiederholen, werden Sie das gute Gefühl über Ihr gesetztes Zeichen schnell erinnern und erleben und damit Ihr aktuelles Befinden beeinflussen können.

Muss ich noch mehr beachten?

Ihr Vorstellungstermin beginnt schon, bevor sie bei Ihrem Gesprächspartner angekommen sind. Die folgende Checkliste zeigt Ihnen, wie Sie sich vorteilhaft verhalten.

Checkliste: Wie verhalte ich mich vorteilhaft?

Was	ja	nein
Sie fallen dem Pförtner bei Ihrer Ankunft auf dem Betriebsgelände weder durch Ihren flotten Fahrstil, Ihre laute Musik noch dadurch auf, dass Sie sich im Auto noch schnell neu schminken. Kalkulieren Sie ein, dass alles, was Sie im Unternehmen tun, gesehen, gehört und kommuniziert wird. (Nicht nur der Pförtner sieht Sie!)		
Sie sind zu allen Personen im Unternehmen in gleicher Weise freundlich und wertschätzend. Auch zur Telefonistin, Empfangsdame, zum Pförtner und zur Sekretärin. Sie glauben gar nicht, wie häufig die Sekretärin zu ihrem Eindruck befragt und welches Gewicht dieser Aussage zugemessen wird.		

Eingeschaltete Handys und Uhren mit Alarmsignal haben im Vorstellungsgespräch nichts zu suchen.		
Auch wenn Ihr Gesprächspartner raucht, für Sie ist es besser, wenn Sie in der Zeit, in der Sie im Unternehmen sind, nicht rauchen. Rauchen Sie auch nicht noch schnell auf dem Parkplatz im Auto die letzte Zigarette. Als Nichtraucher wird Ihr Gegenüber bei der Begrüßung die Nase rümpfen.		
Streiten Sie sich nicht. Einen Streit können Sie nur verlieren. Ihr Vorstellungsgespräch ist nicht die Situation, in der Sie Recht behalten müssen. Es geht um Ihre berufliche Zukunft, nicht darum, andere von Ihrer Meinung zu überzeugen.		
Außer alkoholischen Getränken können Sie alle angebotenen Getränke annehmen.		
Notieren Sie sich alle wichtigen Fakten. Sie benötigen sie in Ihrer Gesprächsnachbearbeitung, für ein evtl. zweites Gespräch und für Ihre persönliche Entscheidung für einen neuen Arbeitgeber.		

Fragen verschaffen Ihnen Informationen

Etwas erfahren können Sie nur, wenn Sie fragen. Fragen Sie viel. Die Kunst liegt darin, die Fragen so zu stellen, dass Sie einen möglichst hohen Informationsgewinn haben.

Wie Sie fragen sollten

Offene Fragen sind solche, bei denen der Satz immer mit einen „W-Wort" Offene Fragen beginnt.

- Was sind Ihre Erwartungen...?

- Worauf legen Sie bei ... besonderen Wert?

- Wo sehen Sie die...? In welchen Bereichen sehen Sie...?
- Wer wird das Projekt leiten?
- Wann wollen Sie mit ... beginnen? In welchen Zeiträumen ...?
- Mit wem werde ich...?
- Wie ist es dazu gekommen...?
- Welche Erfahrungen haben Sie...? usw.

Nur mit diesen Fragen fordern Sie Ihren Gesprächspartner auf, Ihnen ausführlich zu antworten und umfassende Informationen zu geben. Sie bieten Ihnen die Möglichkeit, Standpunkte, Meinungen, Werthaltungen und Erwartungen Ihres Gegenübers bzw. des Unternehmens kennen zu lernen. Anders ist es bei den so genannten geschlossenen Fragen, beispielsweise: „Haben Sie flexible Arbeitszeiten?". Diese Fragen, die in der Regel mit einem Verb beginnen, können mit einem schlichten Ja oder Nein beantwortet werden. Der Informationsgewinn ist also entsprechend begrenzt. Über Hintergründe, Entscheidungsgrundlagen etc. erhalten Sie keine Informationen. Geschlossene Fragen bieten sich an, wenn Sie eine kurze, konkrete Antwort erwarten oder zu einem besprochenen Punkt eine abschließende Antwort haben möchten.

Auch wenn Sie viel fragen sollen, sollten Ihre Fragen nicht so aneinandergereiht sein, dass Ihr Gesprächspartner das Gefühl bekommt, „ausgefragt zu werden". Wenn Sie Fragen aneinanderreihen, wirken Sie leicht penetrant. Um solche Missverständnisse zu vermeiden, ist es manchmal hilfreich, offene Fragen in kleine Einleitungen oder Hinleitungen zu verpacken:

Praxis-Beispiel:
Einleitende Worte

„Herr Müller, Sie haben vorhin angesprochen, dass Ihr Unternehmen großen Wert auf eine kontinuierliche Weiterqualifikation der Mitarbeiter legt. Mit welchen Maßnahmen unterstützen Sie Ihre Mitarbeiter dabei?"

Offene Fragen haben verschiedene Vorteile:

- Sie fördern das Gespräch und damit den Kontakt zwischen zwei Gesprächspartnern.

- Sie bieten Ihnen die Möglichkeit, auf den Gesprächsverlauf Einfluss zu nehmen.

- Sie können Gegenargumente und abweichende Standpunkte schneller erkennen und darauf reagieren.

- Sie können Ihren Gesprächspartner leichter einschätzen.

- Sie haben mehr Zeit nachzudenken, bevor Sie reagieren.

Neben den offenen Fragen gibt es eine weitere Frageform, die Sie in bestimmten Situationen positiv für sich nutzen können: die Alternativfrage. Stellen Sie sich vor, Sie wollen einen Termin abstimmen. Dann ist das der richtige Zeitpunkt für eine Alternativfrage. Alternativfragen bieten dem Gesprächspartner als „Entweder-oder-Fragen" die Wahl zwischen zwei Alternativen: „Soll ich Sie am Freitag oder lieber am Montag anrufen?" Diese Fragen eignen sich also dann, wenn Sie Ihrem Gesprächspartner die letzte Entscheidung zwischen zwei von Ihnen vorgeschlagenen Alternativen überlassen wollen.

Zu welchen Fragen sollte mir das Unternehmen Auskunft geben?

- Fragen zum Unternehmen, die Sie nicht aus dem Unternehmensbericht beantworten konnten

- Fragen, die Sie nach dem Lesen des Geschäftsberichts zusätzlich klären möchten

- Fragen zur Position, zu besonderen Anforderungen und zur Stellenbeschreibung

- Fragen zum aktuellen oder vorherigen Positionsinhaber, warum er die Position zukünftig nicht mehr wahrnimmt und wie lange er in der Position war

- Fragen zur Unternehmens- und Führungskultur: Was ist in diesem Unternehmen wichtig?

- Fragen zu den Leistungen des Unternehmens, die Mitarbeiter erhalten: Gehalt, Urlaub, Kantine, Fortbildung, Dienstwagen, Zusatzvergütung, Arbeitszeitregelungen etc.

Kann ich meinen Gesprächspartner mit Fragen auch verärgern?

Grundsätzlich geraten Sie mit Fragen viel weniger in die Gefahr, etwas völlig Falsches zu sagen, als wenn Sie argumentieren und behaupten. Bei Fragen muss Ihr Gesprächspartner erst einmal Stellung beziehen und Sie können dann Ihre Argumente auf seinen Aussagen aufbauen. Trotzdem müssen Sie immer sensibel für die Reaktion Ihres Gegenübers auf Ihre Fragen bleiben, also auch zuhören und seine nonverbalen Reaktionen beobachten. Antwortet er gerne und bereitwillig oder wird in seinem Verhalten ein gewisser Unmut deutlich?

- Manche Personen fühlen sich wohl, wenn sie erzählen können. Gehört Ihr Gesprächspartner zu diesem Typ, wird er Ihnen gerne Auskunft geben. Im extremen Fall besteht die Gefahr, dass Sie selbst zu wenig dazu kommen, von sich zu erzählen.

- Anders wird die Situation bei einem versierten Interviewer aussehen. Er wird selbst viel Wert darauf legen, durch Fragen möglichst viele Informationen von Ihnen zu erhalten.

Wie viele Informationen Sie durch Ihre Frage erhalten, ist abhängig davon, wie Sie Ihre Frage formulieren:

So sollten Sie Ihre Fragen formulieren

- Kurze, klare Fragen führen zu den umfassendsten Antworten. Es zeigt sich häufig, dass die Antwort umso kürzer wird, je länger eine Frage ist. Bei langen Fragen besteht die Gefahr, dass Ihr Gegenüber nicht alle Aspekte der Frage aufnimmt und beantwortet.

- Bilden Sie keine Kettenfragen. Verpacken Sie mehrere Fragen in einer, wird Ihr Gegenüber in seiner Antwort kaum auf alle Aspekte eingehen können. Sie sind gezwungen, einen Teil Ihrer Frage zu wiederholen.

- Formulieren Sie Ihre Frage einfach und verständlich. Mit komplizierten Satzbauten und Fremdwörtern laufen Sie Gefahr, dass Ihr Gesprächspartner Sie falsch versteht und Sie nicht die gewünschte Antwort erhalten.

Wie trainiere ich Gesprächskompetenzen?

Unvorbereitet in ein Vorstellungsgespräch zu gehen kann gut gehen, als Übung betrachtet werden oder für Sie zu einem erfolglosen Engagement werden. Wenn Sie sich informieren und Gedanken darüber machen, wie Sie die Situation des Gesprächs am erfolgreichsten gestalten, haben Sie den besseren Weg gewählt, um die gewünschte Position auch zu erhalten. Etwas über das „richtige" Verhalten zu lesen und es zu beherrschen ist aber leider zweierlei: Zum Können gehört Üben.

Nehmen Sie die Ihnen wertvoll erscheinenden Tipps auf. Suchen Sie die Aspekte heraus, die Ihnen am besten helfen, Ihre Persönlichkeit optimal und glaubwürdig zu präsentieren. Gewinnen werden Sie in erster Linie, wenn Sie Ihren eigenen überzeugenden Stil finden. Dies wird Ihnen am besten gelingen, wenn Sie die zu führenden Gespräche ausprobieren. Dies können Sie mit unterschiedlicher Intensität tun.

Trainieren Sie

Wenn Sie über etwas nachdenken, vielleicht sogar in Gedanken ein Gespräch führen, hört und fühlt sich dies ganz anders an, als wenn Sie Ihre Gedanken laut aussprechen. In Gedanken müssen Sie z.B. nicht spontan reagieren, alles ist vorgedacht. Sicherheit in der Gesprächsführung erhalten Sie nur, wenn Sie die Situation ausprobieren und trainieren.

Selbstgespräche führen

Stellen Sie sich vor, Sie sitzen auf dem Sofa und wollen sich anhand der im aufgeführten Beispielfragen auf Ihr Vorstellungsgespräch vorbereiten: Sie lesen eine Frage, denken über Ihre Antwort nach, bis Sie das, was Sie im Vorstellungsgespräch sagen wollen, gefunden haben. Dann lesen Sie die nächste Frage und machen es hier ebenso. Dieses Vorgehen entspricht dem mentalen Training. Auch ohne etwas wirklich zu tun, trainieren wir unser Verhalten in Gedanken. Sie werden auf diesem Weg mehr Sicherheit gewinnen und im tatsächlichen Vorstellungsgespräch spontaner und flexibler antworten können.

So weit, so gut. Um wirklich kompetent argumentieren zu können, sollten Sie einen Schritt weiter gehen und Ihre gedachten Antworten tatsächlich auch aussprechen. Probieren Sie einmal Folgendes:

Übung

- Sie lesen die Frage,

- denken über die Antwort nach und

- sprechen das Gedachte dann laut aus. Sagen Sie es so, als erzählten Sie es jemandem.

Wenn Sie jetzt meinen, dieser Aufwand sei völlig unnütz, probieren Sie es einfach einmal mit drei Fragen aus. Sie werden schnell den Unterschied zwischen gedachten und ausgesprochenen Inhalten feststellen. Wenn Sie Ihre Gedanken laut aussprechen, können Sie erkennen, wo Sie in Ihren Darstellungen nicht flüssig argumentieren und noch ins Stocken geraten.

Über diese Antworten sollten Sie noch einmal nachdenken. Diese Unsicherheiten werden Ihnen in einem inneren Dialog nicht auffallen.

Um Ihren Trainingseffekt weiter zu steigern, können Sie Ihre Antworten auf ein Tonbandgerät oder mit einer Videokamera aufzeichnen. Damit haben Sie einen besseren Kontroll- und Lerneffekt. Sie hören, wie sich Ihre Aussagen „anhören". Sie können wunderbar überprüfen, ob Sie deutlich und gut verständlich sprechen. Wenn Sie undeutlich sprechen (Silben verschlucken, in den Bart nuscheln, Zähne nicht auseinander bekommen), sollten Sie Ihrer Aussprache in Ihren Übungen besondere Aufmerksamkeit schenken. Bei Tonbandaufnahmen haben Sie gleichzeitig ein Feedback zu Ihrer Stimmmodulation, ihrer Lautstärke und darüber, ob Sie wirklich kurze Sätze formulieren. Wenn Sie Videoaufzeichnungen machen, bekommen Sie einen Eindruck von Ihrer Gestik, Körperhaltung und Mimik und können auch diese Aspekte Ihrer Überzeugungskraft gezielt trainieren.

Vorstellungsgespräche führen

Führen Sie ein Vorstellungsgespräch mit einer vertrauten Partnerin oder einem Partner. Bitten Sie Ihren Partner, den Fragenkatalog durchzusehen und Fragen herauszusuchen, die er Ihnen stellen möchte.

Einen Schwerpunkt sollten Sie auf Fragen zu Ihrer Selbstdarstellung, zu Stärken und Schwächen und zu Themenbereichen, die für die ausgeschriebene Position besonders relevant sind (Führungskompetenzen, Verkaufskompetenzen etc.) legen. Wenn es Bereiche gibt, in denen es Ihnen besonders schwer fällt, eine gute Antwort zu formulieren, sollten Sie sich gerade hierzu viele Fragen stellen lassen.

Üben Sie Ihre Selbstpräsentation, indem Sie fünf Minuten über Ihren bisherigen Werdegang reden.

> **Experten-Tipp:**
> **Ernsthaft und konzentriert**
>
> Versuchen Sie, ein Vorstellungsgespräch möglichst real zu simulieren. Vermeiden Sie es, sich mit Anmerkungen wie: „Na ja, das ist jetzt ja nicht echt. In Wirklichkeit würde ich das ja ganz anders machen" der Situation zu entziehen. Wenn Sie das tun, ist Ihr Lerneffekt deutlich geringer.

Im Anschluss an das Gespräch können Sie mit Ihrem Partner bzw. Ihrer Partnerin besprechen, was ihm/ihr aufgefallen ist. In welchen Bereichen argumentieren Sie überzeugend und in welchen weniger? Bestimmte Gesprächssequenzen können Sie dann noch einmal gezielt wiederholen, um Sicherheit in Ihrem Gesprächsverhalten zu gewinnen.

Den höchsten Lerngewinn werden Sie erreichen, wenn Sie Ihr mit einem Partner geführtes Gespräch auf Video aufzeichnen. Nicht umsonst wird in Kommunikationstrainings viel mit Videokameras gearbeitet. Die Aufzeichnung bietet Ihnen die Chance, nach dem Gespräch gemeinsam die Aufzeichnung anzusehen und auszuwerten. Wenn Sie sich selbst sehen, werden Sie die Rückmeldungen Ihres Gesprächspartners besser einordnen und Ihr Verhalten gezielter verbessern können. Üben Sie mehrere Gespräche und Sie werden erleben, wie Sie in Ihrer Argumentation sicherer und besser werden und Ihre „selbstverkäuferischen Kompetenzen" steigern.

> **Experten-Tipp:**
> **„Höre ich mich wirklich so an?"**
> Wundern Sie sich nicht, wenn Sie Ihre Stimme das erste Mal auf Tonband oder Video hören. Jedem Menschen kommt seine eigene Stimme völlig fremd vor. Das wird aber nur Ihnen auffallen, für alle anderen ist Ihre Stimme immer so. Akzeptieren Sie Ihre Stimme so, wie sie ist. Sie hört sich nur ungewohnt an.

Wenn Sie Ihre Gespräche auf Video oder Tonband aufzeichnen, nutzen Sie folgende Checkliste für die Auswertung.

Checkliste: So werten Sie Ihre aufgezeichneten Gespräche aus

Was	ja	Anzahl (%)
Positive Formulierungen		
Negative Formulierungen		
Lange Sätze		

Kurze Sätze		
Gebrauch von Verben		
Gebrauch von Hauptwörtern		
Gebrauch von Konjunktiven		
Gebrauch szenespezifischer Wörter		
Gebrauch von Fachausdrücken		
Gebrauch von Fremdwörtern		
War mein Gesprächsanteil zu hoch?		
War mein Gesprächsanteil zu niedrig?		
Habe ich durch mein Gesprächsverhalten negative nonverbale Hinweise erhalten?		
Habe ich durch mein Gesprächsverhalten positive nonverbale Hinweise erhalten?		
Offene Fragen		
Kurze, klare Fragen		
Alternativfragen		
Kettenfragen		

Schreiben Sie Ihre Formulierungen auf und überlegen Sie, wie Sie die gleiche Aussage positiv oder kürzer, ohne Konjunktive oder mit mehr Verben formulieren können.

Überlegen Sie gemeinsam mit Ihrem Übungspartner, wie Sie Ihr nonverbales Verhalten verändern können, um mehr Überzeugungskraft zu gewinnen.

Sie wollen Ihre sprachliche Ausdruckskraft verbessern?

Nehmen Sie sich Texte und lesen Sie sie laut vor. Bücher, Zeitungen, Artikel, alles ist geeignet. Achten Sie auf eine deutliche Aussprache, Ihr Sprechtempo und Ihre Stimmmodulation.

> **Experten-Tipp:**
> **Nutzen Sie Tonbandaufzeichnungen**
>
> Eine Kontrolle und damit Ansätze für persönliche Veränderungen erhalten Sie nur, wenn Sie beim Lesen ein Tonband mitlaufen lassen. Es hört ja sonst keiner. Probieren Sie es.

Zur Verbesserung Ihrer Stimmmodulation lesen Sie die Textabschnitte in unterschiedlichen Stimmlagen. Versuchen Sie, Aussagen durch variieren der Tonhöhe unterschiedlich zu betonen. Sie werden feststellen, wie sich dadurch auch die Wirkung des Inhalts verändert. Eine tolle Übung für eine ausdrucksstarke Stimmmodulation ist das Vortragen von Gedichten.

Sie kennen bestimmt noch einige der Zungenbrecher aus Kindertagen. Wenn Sie diese Sätze zum Training Ihrer Aussprache nutzen, haben Sie ein schönes Übungsmittel. Wenn Sie mit anderen zusammen üben, werden Sie einiges zu lachen haben. Achten Sie beim Üben nur auf die deutliche Aussprache.

> **Praxis-Beispiel:**
> **Zungenbrecher**
>
> Fischers Fritze fischt frische Fische, frische Fische fischt Fischers Fritze.
>
> Blaukraut bleibt Blaukraut und Brautkleid bleibt Brautkleid.
>
> Der Whiskeymixer mixt den Whiskey für den Whiskeymixer. Für den Whiskeymixer mixt der Whiskeymixer den Whiskey.
>
> Bierbrauer Bauer braut braunes Bier. Braunes Bier braut Bierbrauer Bauer.
>
> Der Flugplatz-Spatz nahm auf dem Blatt Platz. Auf dem Blatt nahm der Flugplatz-Spatz Platz.
>
> Zehn Ziegen ziehen zehn Zentner Zucker zum Zoo. Zum Zoo ziehen zehn Ziegen zehn Zentner Zucker.
>
> Messwechsel, Wachsmaske, Wachsmaske, Messwechsel.

Korken-Übung

Um zu lernen, die Zähne beim Sprechen auseinander zu bekommen und wirklich deutlich zu sprechen, nehmen Sie einen Korken zwischen die Zähne, wenn Sie Ihre Leseübung machen. Das hat schon ganz anderen Leuten geholfen.

7. Die erste Hürde ist genommen. Was nun?

> **Praxis-Beispiel:**
> **Sich einen Eindruck vom Gespräch machen**
> Ralph M. sammelt auf der Fahrt nach Hause erst einmal seine Gedanken. Grundsätzlich hat er ein gutes Gefühl zum Gesprächsverlauf. Aber wer weiß, vielleicht folgt ja noch ein zweites Gespräch? Er möchte sich deshalb aufschreiben, was genau gut und nicht so gut gelaufen ist. Außerdem möchte er seinen Eindruck des Gesprächs konkretisieren und einzelne Aspekte miteinander vergleichen, um seine eigene Entscheidung bei einem Stellenangebot treffen zu können. Dazu zeichnet er sich eine Übersicht.

Nach dem Gespräch kommt der Rückblick: Wie ist das Gespräch gelaufen, Was war gut? Was war weniger gut?

> **Experten-Tipp:**
> **Gesprächsnachbereitung und Auswertung**
> Für eine Nachbereitung des Gesprächs sollten Sie sich sowohl bei einer Zu- als auch bei einer Absage des Unternehmens Zeit nehmen.

An jedes Gespräch sind Hoffnungen geknüpft und eine Absage ist nie besonders erfreulich. In jedem Gespräch liegen aber wichtige Chancen - Lernchancen.

Das gilt auch, wenn Sie für sich nach dem Gespräch sagen: „Dieses Unternehmen wird nicht mein neuer Arbeitgeber". In beiden Fällen geht es darum, für sich selbst als wichtige Vorbereitung auf das nächste Gespräch zu prüfen, was gut und was ist weniger gut gelaufen ist.

Die Nachbereitung machen Sie am besten noch am selben Tag. Dann sind Ihre Eindrücke noch frisch. Je länger Sie warten, desto schwieriger wird es, sich wirklich zu erinnern. Wichtig sind jetzt Ihre Notizen. Sie werden froh sein, wenn Sie viele Informationen und Eindrücke notiert haben. Nach einem ein- bis zweistündigen Gespräch verschwimmen eine Vielzahl der Eindrücke in der Erinnerung. Ganz besonders dann, wenn das Gespräch anstrengend war. Ihre Notizen helfen Ihnen, einen klaren Eindruck vom Angebot des Unternehmens zu erhalten.

Checkliste: Gesprächsauswertung als Vorbereitung auf das nächste Gespräch

Was	Selbsteinschätzung
Welchen Eindruck hat das Unternehmen auf mich gemacht? - Räumlichkeiten - Atmosphäre - Mitarbeiter, die mir begegnet sind	
Wie war die Gesprächsatmosphäre?	
Welchen Eindruck haben die einzelnen Gesprächspartner auf mich gemacht?	
Wie ist das Gespräch	
Was ist gut gelaufen?	
Was hat nicht so gut geklappt? Was ist schief gelaufen?	

Welche Fragen waren für mich schwierig zu beantworten?	
Welche meiner Fragen sind noch nicht befriedigend beantwortet?	
Gab es Situationen, in denen ich mich unsicher gefühlt habe?	
Was kann und will ich das nächste Mal anders/besser machen?	

Wenn Sie nach dem Gespräch zu dem Eindruck kommen, dass der angebotene Arbeitsplatz nicht der richtige für sie ist, schreiben Sie einen freundlichen Brief an Ihren Gesprächspartner, in dem Sie ihm Ihre Entscheidung ganz sachlich mitteilen. Wenn Sie möchten, nennen Sie kurz Ihre Gründe für die Absage. Auf jeden Fall bedanken Sie sich noch einmal für das Gespräch.

Experten-Tipp:
Man sieht sich immer zweimal im Leben

Mit jedem Unternehmen, mit dem Sie als Bewerber Kontakt haben, können Sie später noch einmal in Kontakt kommen, beispielsweise in einer Kunden-Lieferanten-Beziehung. Stellen Sie ich vor, wie diese Beziehung beginnt, wenn Sie den Kontakt der Bewerbungssituation nicht freundlich beendet haben.

Das gleiche Recht, eine „negative" Entscheidung zu treffen, hat das Unternehmen. Absagen erfolgen in der Regel schriftlich und ohne Angabe der Gründe. Meistens scheuen sich Personalverantwortliche, die Gründe zu nennen. Trotzdem, ein Versuch kann es wert sein, Ihren Gesprächspartner anzurufen und nach den Gründen zu fragen. Die erhaltenen Informationen können Sie dann für Ihre Vorbereitung auf das nächste Gespräch nutzen.

Was ist wichtig, wenn ich zu einem zweiten Gespräch eingeladen werde?

Es ist für bestimmte Positionen üblich, dass mehrere Gespräche geführt werden. Über den Daumen kann man sagen, je höher die zu besetzende Position ist, desto mehr Gespräche werden in der Regel geführt. Je höher die Position, desto größer ist das Risiko einer Fehlentscheidung. Deshalb will man Sie besonders gut kennen lernen. Mehrere Gespräche sind nicht nur für das Unternehmen ein Vorteil, sondern auch für Sie: Sie haben die Gelegenheit, sehr viele Informationen über das Unternehmen zu gewinnen, gleiche Gesprächspartner zu unterschiedlichen Zeitpunkten zu treffen und unterschiedliche Mitarbeiter kennen zu lernen. Jedes Gespräch gibt Ihnen wichtige Informationen für das nächste Gespräch. Ihre Gesprächsauswertung ist damit ein Teil der erneuten Vorbereitung.

Die folgende Checkliste bietet Ihnen eine Hilfestellung bei der Auswertung des Gesprächs im Hinblick auf Folgegespräche.

Checkliste: Gesprächsauswertung für Folgegespräche

Was	Anmerkung
Welche Anforderungen wurden bisher formuliert? Welche Interessen des Unternehmens haben sich bisher herauskristallisiert? Was scheint dem Unternehmen wirklich wichtig zu sein?	
Welches sind die wesentlichen Unternehmensziele, über die gesprochen wurde?	

Welche Fragen ergeben sich für mich aus den bisherigen Informationen? Was muss ich noch klären?	
Auf welche Aspekte werde ich mich für das nächste Gespräch besonders vorbereiten?	
Was sollte ich hinsichtlich meiner Gesprächspartner im nächsten Gespräch beachten?	

Wie kann ich meine Entscheidung für einen neuen Arbeitgeber absichern?

Wenn ein Arbeitgeber Ihnen ein konkretes Angebot macht, müssen Sie für sich prüfen, ob Sie sich gut vorstellen können, für längere Zeit für dieses Unternehmen tätig zu sein.

Als Erstes sollten Sie sich fragen, was Sie in Ihren Gesprächen mit den Unternehmensvertretern erfahren haben (siehe Gesprächsnachbereitung). Welchen Eindruck haben Sie vom Unternehmen, von Ihrem potenziellen Vorgesetzten und auch von Mitarbeitern, mit denen Sie eng zusammenarbeiten werden, oder Kollegen gewonnen (soweit Sie Gelegenheit hatten, diese kennen zu lernen)? Ihr ganz persönlicher Eindruck und Ihr Gefühl bei der Vorstellung, in diesem Unternehmen, mit diesen Vorgesetzten und Kollegen zu arbeiten, bilden einen wesentlichen Aspekt Ihrer Entscheidung für einen neuen Arbeitgeber.

In Ihrer Vorbereitung auf das Gespräch haben Sie sich mit Ihren persönlichen und beruflichen Zielen und Erwartungen für eine neue Position auseinander gesetzt. Jetzt gilt es, zwischen Ihren Wünschen und Vorstellungen und dem konkreten Angebot des Arbeitgebers abzugleichen.

Wie gut Sie Ihre Stärken und Kompetenzen bei einzelnen Aufgaben tatsächlich einbringen können und wie wohl Sie sich langfristig an einem Arbeitsplatz fühlen, hat viel mit Ihren persönlichen Interessen und Werten zu tun. Um zu erfahren, ob die in Frage stehende Position wirklich die ist, bei der Sie Ihre optimale Leistungsfähigkeit entfalten können, gleichen Sie Ihre Interessen und Werte mit Produkten, Geschäftsfeldern, Kundenstruktur und Kultur (schlicht allen Informationen, die Sie erhalten haben) des Unternehmens ab.

Wenn Ihre Bewerbung darin begründet ist, dass Sie sich bei Ihrem jetzigen Arbeitgeber nicht mehr wohl fühlen, sollten Sie besonders kritisch prüfen, ob das in Frage stehende Unternehmen Ihnen die Rahmenbedingungen bietet, in denen Sie Ihre Leistungskraft und -freude entfalten und aufrechterhalten können.

Hierzu ist es hilfreich, die Aspekte, die zu Ihrer aktuellen Unzufriedenheit geführt haben, aufzuschreiben. Prüfen Sie anhand der Ihnen vorliegenden Informationen und Eindrücke, wie diese Aspekte bei Ihrem potenziellen neuen Arbeitgeber einzuschätzen sind.

> **Experten-Tipp:**
> **Kompromisse**
> Kompromisse müssen Sie bei fast jedem Arbeitgeber eingehen. Es ist aber wichtig, dass Sie wissen, auf welchen Kompromiss Sie sich einlassen - d.h. auf was Sie ganz bewusst verzichten.

Die nachfolgenden Fragen können Ihnen in Ihrem Entscheidungsprozess helfen. Drucken Sie sie sich für jedes Unternehmen, bei dem Sie ein Vorstellungsgespräch haben, neu aus.

Checkliste: Fragen zur Entscheidungsfindung

Was	Anmerkung
Was macht dieses Unternehmen als Arbeitgeber für mich attraktiv?	
Wie ist die wirtschaftliche Situation des Unternehmens?	
Wie ist die Markposition des Unternehmens?	
Wie ist das Image des Unternehmens?	
Passt das, was ich über Unternehmensorganisation, Unternehmens- und Führungskultur erfahren habe, zu meinen persönlichen Werten und Zielen?	
Welche der aufgezeigten Aufgaben stellen eine besondere Herausforderung für mich dar?	
Kann ich meine Kompetenzen gut in die angebotene Position einbringen?	
Kann ich in diesem Unternehmen meine berufliche Entwicklung wie geplant weiterverfolgen?	
Welchen Eindruck haben meine Gesprächspartner auf mich gemacht?	

Welchen Eindruck haben andere Mitarbeiter im Unternehmen auf mich gemacht?	
Was hat mir in diesem Unternehmen besonders gut gefallen?	
Was hat mir in diesem Unternehmen nicht gefallen?	
Welche meiner Erwartungen werden erfüllt?	
Wo muss ich Kompromisse eingehen?	
Welche Fragen möchte ich noch klären oder vertiefen?	
...	

Entscheiden Sie sich erst, wenn Sie ein sicheres Gefühl haben

Zusammen mit den Fragen Ihrer Gesprächsnachbereitung haben Sie alle erhaltenen Informationen und die gesammelten Eindrücke umfassend ausgewertet. Eine noch differenziertere Entscheidungsbasis können Sie sich anhand Ihres Unternehmens-Erwartungsprofils schaffen.

Wenn Sie sich im Rahmen Ihrer Gesprächsvorbereitung mit Ihren Zielen und Wünschen auseinander gesetzt haben, können Sie sich anhand dieser Variablen ein Erwartungsprofil für Ihren neuen Arbeitsplatz erstellen. Listen Sie alle Kriterien, die für Sie besonders wichtig sind, auf. Dabei können Sie das folgende Beispielprofil als Grundlage nutzen und um die Aspekte, die für Sie wichtig sind, ergänzen. Nach einem Gespräch nehmen Sie dann einen Abgleich zwischen Ihren Wünschen und Zielen und dem Angebot des Unternehmens vor.

Anhand der Skala können Sie zum einen die Wichtigkeit einer Variablen für Sie persönlich und zum anderen die Erfüllung dieses Aspekts durch das Unternehmen einschätzen. Vermerken Sie ruhig, inwieweit Sie in den einzelnen Punkten kompromissbereit sind.

Wenn Sie Ihre Erwartungen und das Angebot mit verschiedenen Farben eintragen, haben Sie den Vergleich auf einen Blick. Übereinstimmungen und Differenzen sind deutlich. Sie erkennen auch, in welchen Bereichen Ihnen noch Informationen fehlen.

Bei Differenzen in für Sie wesentlichen Bereichen empfiehlt es sich, vor einer Entscheidung noch einmal das Gespräch mit Vertretern des Unternehmens zu suchen, um diesen Aspekt zu besprechen und evtl. zu klären, wie weit Sie dem Unternehmen bzw. das Unternehmen Ihnen entgegenkommen können.

Checkliste: Erwartungsskala

Erwartungen	gering - sehr hoch	Anmerkung (Kompromissbereitschaft)
Erwartung an die neue Position		
Einarbeitung	1 2 3 4 5 6	
Verantwortungsbereich	1 2 3 4 5 6	
Personalverantwortung	1 2 3 4 5 6	
Projektverantwortung	1 2 3 4 5 6	
Weiterbildung	1 2 3 4 5 6	
Aufstiegschancen	1 2 3 4 5 6	
…	1 2 3 4 5 6	
Erwartungen an Unternehmens- und Führungskultur		
Unternehmensziele	1 2 3 4 5 6	

Unternehmenskultur	1 2 3 4 5 6
Führungskultur	1 2 3 4 5 6
Mitarbeiterförderung	1 2 3 4 5 6
Teamarbeit	1 2 3 4 5 6
Betriebsklima	1 2 3 4 5 6
Arbeitsplatzsicherheit	1 2 3 4 5 6
…	1 2 3 4 5 6
Erwartungen an die Vertragsgestaltung/Zusatzleistungen	
Einstiegsgehalt	1 2 3 4 5 6
Gehaltsentwicklung	1 2 3 4 5 6
Leistungsorientierte	1 2 3 4 5 6
Soziale Leistungen	1 2 3 4 5 6
Firmenwagen	1 2 3 4 5 6
Arbeitszeiten	1 2 3 4 5 6
Urlaubszeiten	1 2 3 4 5 6
Kinderbetreuung	1 2 3 4 5 6
…	1 2 3 4 5 6
Rahmenbedingungen	
Anfahrtszeiten	1 2 3 4 5 6
Städtisches und kulturelles Umfeld	1 2 3 4 5 6
…	1 2 3 4 5 6

Wenn Sie alle Pros und Kontras abgewogen haben, treffen Sie Ihre Entscheidung.

Wie gehe ich bei Gehalts- und Vertragsverhandlungen vor?

> **Praxis-Beispiel:**
> **Die Köpfe für die Nägel machen**
>
> Martha L. empfindet die Gehaltsverhandlungen als den unangenehmsten Teil des Gesprächs. Trotzdem ist es eine nicht unwichtige Frage, wie viel Geld sie pro Monat zur Verfügung hat, um alle möglichen Kosten zu bestreiten. Um einen Anhaltspunkt zu haben, informiert sie sich über die durchschnittlichen Gehälter für ähnliche Jobs. Außerdem wägt sie ab, was die Firma ihr sonst noch für Zusatzleistungen und Annehmlichkeiten bietet.

Ihre Vorstellungsgespräche sind so gut gelaufen, dass Sie sich vorstellen können, für das Unternehmen zu arbeiten, und auch das Unternehmen Sie gerne einstellen würde. Das heißt, jetzt geht es um Vertragsfragen und Vereinbarungen. Hier gilt es, verschiedene Punkte zu klären:

- Gehaltsfragen,

- Einsatzort,

- Zusatzleistungen,

- Arbeitszeiten und vieles mehr.

Welche Punkte es zu verhandeln gibt, ist abhängig von der Position, die Sie übernehmen wollen. Sind es in einem Fall nur Gehaltsfragen und Arbeitszeiten, gibt es bei anderen Jobs deutlich mehr zu klären, z.B.

- Dienstreisen,

- Zeichnungsrechte,

- Weisungsbefugnisse und vieles mehr.

Die Frage des Gehalts

Insbesondere die Frage nach den möglichen Gehaltsforderungen bereitet vielen Bewerbern Kopfzerbrechen. Zugegebenermaßen ist es nicht ganz einfach, das richtige Niveau zu finden. Sie werden auch immer nur grobe Anhaltspunkte erhalten, da das letztendlich vereinbarte Gehalt von vielen Faktoren beeinflusst wird:

- Ihre Berufsausbildung;

- Ihre bisherige Berufserfahrung und der Nutzen dieser für die neue Stelle;

- die Hierarchiestufe, auf die Sie sich bewerben;

- die Region in der Sie sich bewerben. Zwischen Stadt und Land und zwischen verschiedenen Städten gibt es erhebliche Unterschiede. Diese variieren unter anderem mit den Lebenshaltungskosten der Region;

- die Branche. Zwischen einzelnen Branchen bestehen für die gleiche Tätigkeit erhebliche Unterschiede, diese variieren natürlich auch mit der jeweiligen wirtschaftlichen Situation der Branche;

- das Unternehmen;

- tarifvertragliche Bindungen.

Experten-Tipp:
Aktuelles Gehalt als grobe Orientierung

Ausgangsbasis für Ihre Gehaltsüberlegungen und Forderungen ist Ihr aktuelles oder letztes Gehalt. Wenn Sie mit dem Stellenwechsel eine Gehaltsverbesserung verbinden, können Sie unter Beachtung der oben angeführten Einflussfaktoren versuchen, für die neue Position eine zehn- bis 15-prozentige Steigerung Ihres Jahresgehalts zu erzielen.

Was sind die marktüblichen Gehälter in vergleichbaren Positionen?

Ist Ihr Positionswechsel mit der Übernahme einer höheren Hierarchiestufe und einer Erweiterung Ihres Verantwortungsbereichs verbunden, werden Sie auch für Ihr Gehalt eine größere Steigerung erwarten. Hier werden Sie Ihre gehaltlichen Möglichkeiten nur einschätzen können, wenn Sie entsprechende Vergleichsdaten haben.

Informationen hierzu erhalten Sie z.B. in im Internet veröffentlichten Vergütungsstudien oder bei Unternehmensberatungen, die ebenfalls Vergütungsstudien veröffentlichen. Viele Wirtschaftsmagazine (VDI-Nachrichten, Capital etc.) bringen regelmäßig aktuelle Gehaltsvergleiche.

Informationsquellen für einen ersten Überblick sind:

- Gehaltstabellen bei http://gehalt.was-verdient-ein.de/gehaltstabelle.html

- Für Ingenieure bei www.ingenieurkarriere.de/bewerberservice/beratung/gehaltscheck/gehaltscheck.asp

- Gehaltsrechner und –check bei http://www.jobware.de/Ratgeber/Das-richtige-Gehalt.html und http://www.lohnspiegel.de/main/LohnundGehaltsCheck

- Einen Gehaltstest (und andere Tests zur Berufs- und Karriereplanung) kann man ausfüllen bei www.geva-institut.de

---

Experten-Tipp:
Das Jahresbruttogehalt als Ausgangsbasis

Kalkulieren Sie Ihre eigenen Vorstellungen immer anhand des Jahresbruttogehalts. Viele Unternehmen zahlen ein 13. und 14. Monatsgehalt. Dadurch reduziert sich das einzelne Monatsgehalt entsprechend.

Was mache ich, wenn der Arbeitsmarkt nicht viele Möglichkeiten bietet?

Hohe Arbeitslosenzahlen und viele Bewerber mit vergleichbaren Qualifikationen geben Arbeitgebern schnell das Gefühl, bei den Gehältern etwas zurückhaltender sein zu können.

In den letzten Jahren waren die unterschiedlichen Gehaltsentwicklungen insbesondere in der IT-Branche gut zu beobachten. Noch vor nicht allzu langer Zeit hatten auch sehr junge Bewerber mit wenig Berufserfahrung hier die Möglichkeit, sehr schnell viel Geld zu verdienen. Inzwischen ist der Arbeitsmarkt auch in diesem Bereich gesättigter und die Gehälter werden wieder realistischer, was für einige Bewerber aber auch deutliche Abstriche bedeutet.

Befinden Sie sich in der Situation, dass es schwierig ist, eine Stelle zu finden (Qualifikation, Region, Branche), müssen Sie bei Ihrem Gehalt evtl. kompromissbereit sein. Dies gilt z.B. insbesondere dann, wenn Sie eine Einstiegsposition in einem Beruf suchen, in dem die Arbeitsmarktlage zurzeit schlecht ist,

- sich in einer wirtschaftlich schwachen Region befinden,
- eine Wiedereinstiegsposition nach einer längeren Familienpause suchen,
- längere Zeit arbeitslos waren,
- schon älter sind oder
- mit Ihren Qualifikationen nicht in vollem Umfang den Bedarf decken.

Wenn Sie Ihre gesamte berufliche Entwicklung und Perspektive betrachten, ist es aus unserer Sicht besser, eine Position mit einem niedrigeren Gehalt zu akzeptieren, wenn diese sonst Ihre wesentlichen Erwartungen erfüllt und die von Ihnen gewünschten Voraussetzungen bietet. Realistisch gesehen werden Ihre Chancen mit jedem Tag Arbeitslosigkeit schlechter, aber nicht besser. Um sich die Perspektive auf eine baldige Gehaltsanpassung aufrechtzuerhalten, können Sie z.B. für die Probezeit ein etwas geringeres Gehalt, als Sie erwartet haben, vereinbaren. Um Ihre gehaltlichen Ziele zu erreichen, nehmen Sie in den Arbeitsvertrag auf, dass das Gehalt nach der Probezeit angepasst wird. Damit haben Sie die Chance, eine neue Stelle zu bekommen und in der Probezeit Ihre Leistungsfähigkeit unter Beweis zu stellen.

Experten-Tipp:
Schriftlich und präzise

Achten Sie genau auf die Formulierungen. Zusätzlich zum Vertrag können Sie gemeinsam mit dem Arbeitgeber Leistungskriterien schriftlich festhalten, bei deren Erfüllung Ihr Gehalt um den vereinbarten Betrag erhöht wird.

Variable Vergütungssysteme

Dass Geld, wenn auch nicht das Beste, so doch ein wesentliches Motivationsmittel ist, wissen Arbeitgeber. Gerade in Positionen, in denen die persönliche Leistung gut gemessen werden kann (z.B. im Vertrieb), sind variable oder leistungsabhängige Vergütungssysteme üblich.

Mit den modernen Personalbeurteilungs- und Zielvereinbarungsinstrumenten werden leistungsabhängige Vergütungen aber auch für anderen Positionen selbstverständlicher (Führungspositionen, Positionen im Projektmanagement usw.). Leistungsabhängige Vergütungen setzen sich aus

- einem Festgehalt (Fixum) und

- einem erfolgsabhängigen Teil (variable Gehaltsbestandteile) zusammen. Wichtig ist die Zusammensetzung des Gesamtgehalts: Wie viel ist fix, wie viel ist variabel? Auch hier haben Sie wieder branchenübliche, unternehmensbezogene und positionsbezogene Abhängigkeiten, die im Einzelfall berücksichtigt werden müssen.

> **Experten-Tipp:**
> **Wenn Sie neu in einem Tätigkeitsfeld sind**
>
> Übernehmen Sie das erste Mal eine Position mit variablen Gehaltsanteilen, müssen Sie die prozentuale Verteilung des festen und des variablen Gehaltanteils auch unter Berücksichtigung Ihrer bisherigen Erfahrungen und der Einschätzung Ihrer Leistungsfähigkeit beurteilen. Sind Sie neu in einem Tätigkeitsfeld, sollten Sie für das erste Jahr ein relativ hohes Fixum vereinbaren. Das gibt Ihnen in der Einarbeitungszeit mehr finanzielle Sicherheit.

Sonderleistungen des Unternehmens

Bei Gehaltsverhandlungen müssen Sie andere freiwillige und soziale Leistungen des Unternehmens natürlich mit in Ihre Berechnungen einbeziehen. Fixieren Sie sich auch in diesem Bereich nicht auf feste Vorstellungen. Die Leistungsangebote verschiedener Branchen und einzelner Unternehmen variieren erheblich.

Mögliche Zusatzleistungen sind:

- vermögenswirksame Leistungen,

- Dienstwagen (bedenken Sie die von Ihnen zu leistende Versteuerung von einem Prozent des Anschaffungswerts),

- Urlaubsgeld,

- Tantiemen,

- erfolgsorientierte Sonderzahlungen,

- Prämien,

- Lebensversicherung,

- Essenssubvention,

- Anerkennungsprämien bei entsprechender Betriebszugehörigkeit,

- Unterstützung in der Kinderbetreuung,

- Nutzung von Arbeitsmitteln im privaten Bereich,

- besondere Einkaufsmöglichkeiten, ...

Was umfasst der Arbeitsvertrag?

Für die Gestaltung von Arbeitsverträgen gibt es feste Regeln. Grundsätzlich werden notwendige und freiwillige Vertragsbestandteile unterschieden. Im Arbeitsvertrag müssen festgehalten werden:

- Arbeitgeber und Arbeitnehmer (Name, Anschrift)

- Vertragsbeginn

- Vertragsende bei vereinbarter Befristung

- Beschäftigungsort (es können auch mehrere angegeben werden, wenn diese wechseln)

- Tätigkeitsbeschreibung (kann durch Stellen- oder Funktionsbeschreibung erfolgen, wesentliche Aufgabeninhalte sollten im Vertrag enthalten sein)

- Fälligkeit, Zusammensetzung und Höhe des Arbeitsentgelts (Fixum, Provision, Sonderzahlungen, Urlaubs-/ Weihnachtsgeld, Zulagen)

- Umfang und Form der Arbeitszeit (Wochenarbeitszeit, feste/flexible Arbeitszeit)

- Urlaubsdauer

- Kündigungsfristen

- gültiger Tarifvertrag und angewandte Betriebsvereinbarungen (z.B. zur betrieblichen Altersversorgung)

- Unterschriften

Darüber hinaus können natürlich freiwillige Vereinbarungen in den Vertrag aufgenommen werden. Hier geht es wirklich darum, diese Aspekte mit Ihrem Arbeitgeber auszuhandeln:

- Umgang mit Diensterfindungen und Urheberrechten

- Geheimhaltungspflichten

- Wettbewerbs- und Kundenschutzklauseln

- Datenschutz

- Lebensversicherungen (Direktversicherung)

- vermögenswirksame Leistungen

- Fahrtkostenzuschuss

- Heimarbeitsregeln

- Gehaltsüberprüfungen und Anpassungen, ...

> **Experten-Tipp:**
> **Schauen Sie nicht nur auf das Geld**
>
> Geld allein macht bekanntlich auch nicht glücklich. Immer wieder zeigt sich, dass Geld nur ein sehr kurzfristiger Motivator ist. Wenn andere wesentliche Faktoren nicht stimmen, beruhigt ein gutes Gehalt zwar, macht Sie aber nicht zufriedener. Prüfen Sie das Gesamtangebot.

Bei der Gehaltsfrage müssen Sie prüfen, was für Sie höchste Priorität hat. Es gibt immer mehrere Aspekte zu bedenken z.B. die in der folgenden Checkliste aufgeführten.

Checkliste: Faktoren der Arbeitsplatzbewertung

Was	Priorität A	Priorität B
Jahresgehalt		
Zusatzvergütungen, Dienstwagen		
Aufgabenstellung		
Aufstiegschancen		
Weiterbildungen		
Perspektiven der Firma		
Standort		
Arbeitszeiten		
Kinderbetreuung		
Tragen Sie hier weitere Ihnen wichtige Aspekte ein:		

Persönliche Entscheidungen treffen

Nur Sie können entscheiden, wann und bei welchen Aspekten Sie bereit sind, Abstriche zu machen. Mitunter müssen Sie das Gehaltsangebot mit Anfahrtswegen oder Entwicklungsperspektiven abgleichen. Dafür brauchen Sie aber schon eine Menge Informationen. Bedenken Sie bei Ihrer Gehaltskalkulation auch eigene bestehende finanzielle Belastungen. Hohe Wegekosten müssen Sie erst einmal verdienen.

- Für welche Extraleistung sind Sie bereit, auf X Euro Gehalt zu verzichten?

- Was brauchen Sie, um finanziell zurecht zu kommen, und können Sie kompromissbereit sein?

- Ist es evtl. die Teilnahme an der zweijährigen Weiterbildung, die Sie für das geringere Gehalt entschädigt?

- Welcher Aspekt ist Ihnen wichtig genug, um auf Geld zu verzichten?

Experten-Tipp:
Minimum und Maximum definieren

Sie können im Vorfeld durch Minimum (Was will ich mindestens haben?) und Maximum (Was kann ich maximal fordern?) Ziele bzw. Grenzen für sich definieren. Damit verfügen Sie im Gespräch über einen Spielraum, in dem Sie sich bewegen können, ohne das Gefühl zu haben zu verlieren. Geben Sie Ihre definierten Grenzen aber nicht preis. Sie laufen sonst Gefahr, dass Ihnen nur noch das Minimum geboten wird.

Gehen Sie selbstbewusst mit solider Informationsbasis und realistischen Vorstellungen in die Verhandlung. Eine zu niedrige Gehaltsforderung nach oben anzupassen wird Ihnen kaum gelingen. Eine zu hohe Forderung lässt sich aber jederzeit nach unten korrigieren.

8. Was empfehlen Profis aus der Personalberatung?

> **Praxis-Beispiel:**
> **„Profis am Werk"**
>
> Wenn jemand Routine und Erfahrung mit Vorstellungsgesprächen hat, sind das Berater der Personalauswahl. Marion K. fürchtet sich deshalb etwas mehr als gewöhnlich vor ihrem Bewerbungsgespräch, das von einem namhaften Beratungsunternehmen geführt wird. Diese Erfahrung kann aber auch nützlich sein, zum Beispiel können Personalberater gute Tipps geben!

Personalberater geben Ihnen Tipps

Wir haben für Sie mit unseren Kollegen in der Personalberatung gesprochen und sie gefragt, was sie Bewerbern für ihre Vorstellungsgespräche mit auf den Weg geben würden. Die nachfolgend zusammengetragenen Tipps stammen also von Beratern, die sich mit nichts anderem beschäftigen, als Personal für Ihre Kundenunternehmen zu suchen und die Besten auszuwählen. Wir können wohl davon ausgehen, dass wir damit viel Kompetenz und wertvolle Tipps zusammengeführt haben.

Therese Balzer, Niccon Consulting

Das Vorstellungsgespräch beim Headhunter

- Bereiten Sie sich auf das Gespräch vor! Das erste Gespräch hat für beide Seiten das gleiche Ziel: Man prüft, ob man zueinander passt.

- Fragen Sie! Das erste Gespräch mit dem Headhunter dient auch Ihrem Informationsgewinn.

- Nutzen Sie das Know-how eines Headhunters, bitten Sie ihn um Feedback und eventuelle Verbesserungsvorschläge.

- Scheitern Sie nicht an Nebensächlichkeiten (Kleidung etc.).
- Bereiten Sie sich auf offene Fragen vor.
- Informieren Sie den Headhunter über Ihren aktuellen Stand in anderen Bewerbungsprozessen.
- Halten Sie Kontakt! Ein durchschnittlicher Suchauftrag dauert drei bis sechs Monate. Erkundigen Sie sich nach Zwischenständen.

Was erwartet der Headhunter von seinem Kandidaten im Interview beim Kunden?
- Der Kandidat sollte sich bereits zusätzliche Informationen zum Unternehmen eingeholt haben.
- Es sollten konkrete Fragen zu Position und Unternehmen vorbereitet worden sein, die im ersten Gespräch nicht angesprochen wurden (Fachspezifika).
- Vermeiden Sie andere Darstellungen als im Gespräch mit dem Headhunter.

Experten-Tipp:
Unterschiede im Gespräch klären

Entstehen Unterschiede zum ersten Gespräch mit dem Headhunter allein (z.B. Angaben über die Perspektiven oder das Gehalt), klären Sie diese nach dem Gespräch mit Ihrem Headhunter. Stellen Sie nicht den Headhunter bloß, oft beruhen diese Missverständnisse auf fehlender Kommunikation zwischen einzelnen fachlichen Abteilungen im Unternehmen!

Therese Balzer
NICCON Consulting GmbH, München
therese.balzer@niccon.de

Klaus Wübbelmann, Human Resource Beratung

Viele Bewerbungsgespräche laufen weit weniger zielstrebig ab, als man erwarten sollte. Es wird ein wenig im Lebenslauf herumgestochert und viel über das Unternehmen und die Abteilung, um die es geht, erzählt. Um als Bewerber/ Bewerberin selbst möglichst viel herauszuholen, ist es wichtig, schon vorab ausgehend von den eigenen Zielsetzungen eine konkrete Fragenliste zu erstellen und diese dann auch im Gespräch aus der Tasche zu holen und mit den Gesprächspartnern durchzugehen. Häufig werden in Bewerbungsgesprächen allerlei Möglichkeiten, Optionen, Ausrichtungen, Entwicklungsperspektiven angesprochen, die Bewerbern bzw. Bewerberinnen unter Umständen ad hoc attraktiv erscheinen. Um am Ende bewerten zu können, ob sie auch wirklich von Nutzen sind, ist eine Prüfung an den eigenen Zielen von entscheidender Bedeutung. Die Perspektiven müssen zu dem passen, was man selbst anstrebt, sonst nützen sie wenig.

Menschen, die auf Unternehmensseite Bewerbungsgespräche führen, sind auch nur Menschen. Das sollte man in diesen Situationen nie vergessen. Denn es eröffnet die Möglichkeit, sich über ganz einfache Grundregeln des Verhaltens einen positiven Zugang zu eröffnen:

- gut zuhören und sicherstellen, dass man richtig verstanden hat,
- interessiert nachfragen,
- sich auf das konzentrieren, was den Gesprächspartner interessiert; Fragen präzise beantworten,
- bereit sein, „von sich etwas zu erzählen".

Alle Unternehmen suchen „Persönlichkeiten" - auch schon unter den Berufsanfängern. Bewerber glauben immer noch zu häufig, ein ganz bestimmtes Bild abgeben zu müssen: pünktlich, ordentlich, leistungsorientiert, willig, freundlich und verbindlich im Umgang ... noch etwas gefällig?

Spätestens nach dem fünften Bewerber achtet man darauf nicht mehr. Man sucht als Interviewer die Person dahinter. Vielleicht zeigt man sich als Bewerber von vornherein, das macht die ganze Angelegenheit etwas einfacher:

- Sich als ganzheitlicher Mensch zeigen: Neben Ernsthaftigkeit, Souveränität und Zielstrebigkeit auch Gefühle, Humor, Überraschungen zulassen und bieten.

- Nicht versuchen, stromlinienförmig alle Aspekte eines perfekten Bewerbers darzubieten, sondern sich selbst ins Spiel bringen, eigene markante Punkte des Werdegangs, persönliche Schwerpunktsetzungen in beruflicher und privater Hinsicht einbringen, Stärken und Schwächen (um Gottes willen nicht „Ungeduld"!) glaubwürdig und differenziert vermitteln.

Klaus Wübbelmann
Human Resource Beratung
Klaus.Wuebbelmann@t-online.de

Thomas Küpper, www.KarriereKick.de

Grundsätzliches

- Entspannung und genügend Schlaf zählen auch zu einer guten Vorbereitung.

- Kleider machen Leute, d.h. im Vorfeld gilt es zu überdenken, in welches Umfeld man sich bewirbt. Für eine Position als Sozialarbeiter ist der Bossanzug die unpassende Kleidung, für eine Funktion als Manager durchaus angemessen. Grundsätzlich sollte die Kleidung sauber, gebügelt, gepflegt und neuwertig sein.

- Deutliche Körpergerüche, auch nicht selten erzeugt durch den üppigen Gebrauch von Deos, Rasierwasser, Zigaretten etc., sind zu vermeiden.

- Pünktlichkeit ist eine Selbstverständlichkeit.

- Auch der Pförtner und die Sekretärin werden freundlich begrüßt.

- Einer Sekretärin stellt man sich mit Händedruck, vollem Namen und ggf. Anliegen vor.

- Alle Gesprächspartner werden mit Händedruck in folgender Reihenfolge begrüßt: erst die Damen (die ranghöchste zuerst usw.), dann die Herren (der ranghöchste zuerst usw.).

- Schweißnasse Hände erzeugen eher Ekel und damit mehr Abneigung als Sympathie.

- Eine Person wirkt nur natürlich, wenn sie sich authentisch verhält. Lügen bzw. Übertreibungen werden in der Regel früher oder später erkannt.

- Vor der Präsentation vor anderen sollte man sich selbst genau kennen, d.h. nicht nur die verschiedenen Abschnitte des Lebenslaufs, sondern auch die eigenen Soft Skills. Vor allem muss der Bewerber seine Stärken und Schwächen genau kennen.

- Wer fragt, leitet das Gespräch! Zum einen zeigen Fragen Interesse, zum anderen werden einem so weniger Fragen gestellt und man hat Einfluss auf die Richtung des Gesprächs.

- Versuchen Sie, Ruhe zu bewahren, auch wenn der Personaler Sie in die Enge treiben will. Setzen Sie sich eine Grenze. Sie müssen nicht auf alle Fragen konkret antworten.

- Vor der Beantwortung der gefürchteten Gehaltsfrage gilt es, die eigenen Prämissen sowie die des Unternehmens abzuschätzen. Vermeiden Sie die Nennung konkreter Zahlen; bevorzugen Sie Formulierungen wie: „Was ist Ihnen denn ein Mitarbeiter meiner Qualität wert?".

- Nichts ist peinlicher, als wenn grundsätzliche Fragen bezüglich des Unternehmens nicht beantwortet werden können. Vor dem Vorstellungsgespräch ist eine gründliche Recherche ein Muss. Den Internetauftritt und den Geschäftsbericht des Unternehmens sollten Sie kennen.

- Sehen Sie das Vorstellungsgespräch auch als Übung. Sie können nur gewinnen, auch wenn Sie die Stelle nicht bekommen. Das ist auch eine Möglichkeit, die Nervosität ein wenig zu reduzieren.

- Nehmen Sie keine angebotenen alkoholischen Getränke an.

Weiterhin gelten die allgemeinen Regeln des guten Benehmens: Zuhören, Ausreden lassen, ausreichend Augenkontakt etc.

Während des Vorstellungsgesprächs sollte der Emotionsverlauf kontrolliert werden. Etwas Aufregung am Anfang ist gestattet, jedoch sollte sich diese im Verlauf des Gesprächs legen. Verhält sich der Emotionsverlauf umgekehrt, wirkt man unsicher und inkompetent.

Damit das Vorstellungsgespräch abgerundet wirkt, sollte nach einem positiven Einstieg auch ein positiver Ausstieg erfolgen (Sandwicheffekt).

For Ladies Only

- Zu „scharfe Kleidung" lenkt Männer vom Thema ab und führt zu „störenden Kognitionen"; Frauen neigen zu übersteigertem Konkurrenzverhalten.

- Die Frage: „Sind Sie schwanger?" ist verboten, wird aber gerne durch die Blume gestellt (z.B.: „Was könnte für uns, was Ihr Privatleben angeht, noch von Interesse sein?" oder: „Wie sieht Ihre mittelfristige Lebensplanung aus?"). Eine gute Antwort kann z.B. sein: „Ich möchte mich mittelfristig auf meinen beruflichen Erfolg konzentrieren ...".

Thomas Küpper

Michael Gotzens, Arthur Andersen

Reflektieren Sie Ihre Stärken und Schwächen

Häufig ist es in Bewerbungsgesprächen so, dass die Bewerber zwar einige Stärken benennen können, diese aber meist „Allgemeingültigkeit" besitzen, z.B.: „Ich bin ehrgeizig, durchsetzungsorientiert, zielstrebig etc.". Füllen Sie diese Worthülsen mit Inhalten und beschreiben Sie, in welchen Bereichen sich dies in Ihrem Leben gezeigt hat und was für Sie persönlich z.B. Zielstrebigkeit bedeutet.

Wenn Bewerber ihre eigenen Schwächen benennen sollen, dann bekommt der Interviewer häufig zu hören, dass der Bewerber „... ungeduldig werde, insbesondere dann, wenn ich mit Personen zusammenarbeite, die langsamer oder ungenauer arbeiten als ich". Diese Standardaussage können Sie in vielen „Bewerbungstrainings" nachlesen und sie sich somit für ein Bewerbungsgespräch gut sparen.

Überlegen Sie vor einem Bewerbungsgespräch, was Ihnen in Ihrem (Berufs)-Leben schwer gefallen ist und auch, in welchen Fällen Sie bereits „Schiffbruch" erlitten haben. Wenn Sie einen solchen Fall schildern, ist es ungemein wichtig, dass Sie dem Interviewer aufzeigen, was Sie aus dieser Situation gelernt haben. Bestenfalls haben Sie ein zweites Beispiel, in welchem Sie das aus dem „Schiffbruch" Gelernte gleich haben umsetzen können. Denken Sie daran, Sie bewerben Ihre eigene Person.

Informieren Sie sich, worauf Sie sich bewerben

Immer noch kommt es in Bewerbungsgesprächen vor, dass die Bewerber kaum konkrete Vorstellungen über das Unternehmen bzw. die Inhalte der Tätigkeit haben, auf welche sie sich bewerben.

Bereiten Sie sich vor. Sie sollten die wichtigsten Eckdaten des Unternehmens kennen (welche Branche, Hauptumsatzgebiete, Standorte etc.). Im Zeitalter des Internets darf das kein Problem mehr sein. Wenn Sie Informationen über das Unternehmen haben, so ist dies in einem Gespräch in der Regel unauffällig in der Bewertung, haben Sie keine Informationen, dann wird dies in der Regel nachteilig bewertet.

Stellen Sie Fragen

Da Sie noch nicht für das Unternehmen tätig sind, ist es nur natürlich, wenn auch Sie Fragen stellen. Dazu können Sie selbstverständlich eine Fragenliste mitbringen und diese im Gespräch abarbeiten. Diese Fragen sollten im ersten Gespräch ausschließlich für Ihre Entscheidung relevant sein.

Aber Vorsicht: Verhandeln Sie nicht im ersten Gespräch über „Kleinigkeiten" wie z.B. die Anzahl der Urlaubstage, die Größe des eigenen Büros, welche Getränke kostenfrei gestellt werden etc.

Auf diese Fragen sollten Sie Antworten haben:
- In welchen Bereichen sehen Sie noch Weiterbildungsbedarf oder würden Sie sich gerne fortbilden?
- Warum Sind Sie arbeitslos? Wie erleben Sie diese Zeit?
- Erzählen Sie uns einmal etwas über Ihren letzten Arbeitsplatz/Ihr Studium. Was war positiv, was negativ?
- Was wissen Sie über unser Unternehmen?
- Warum halten Sie sich für diese Stelle für geeignet?
- Was unterscheidet Sie von anderen Bewerbern?
- Wenn Sie einen Mitarbeiter einstellen müssten, was wäre für Sie dabei von Bedeutung?
- Was erwarten Sie persönlich von Ihrem neuen Arbeitsplatz?
- Was reizt Sie an dieser Position?
- Was ist für Sie weniger interessant?

Bereiten Sie das Gespräch strukturiert nach und behalten Sie so den (Entscheidungs-) Überblick:
- Wer waren Ihre Gesprächspartner (Name, Funktion)?
- Wie war die Gesprächsatmosphäre? Gab es Veränderungen?
- Wie haben Ihre Gesprächspartner auf Sie gewirkt?
- Wie glauben Sie, auf Ihre Gesprächspartner gewirkt zu haben?
- Wie war die Unternehmensvorstellung?
- Wie war Ihre persönliche Vorstellung?
- Wie wurde die vakante Position dargestellt?
- Wie wirkte die Ausstattung/Lage des Unternehmens auf Sie?
- Welche Übereinstimmungen zwischen den Unternehmenszielen und Ihren persönlichen Zielen gibt es?

- Wurden Ihre Erwartungen an das Gespräch erfüllt?
- Welche Kommentare gab Ihre Familie/gaben Ihre Freunde nach Ihren Schilderungen des Gesprächs?

Michael Gotzens Arthur Andersen
michael.gotzens@de.andersen.com
www.arthurandersen.de

Hans-Erich Vonderheid, Personal- und Unternehmensberatung

Jedes Vorstellungsgespräch beginnt mit einer entsprechenden Vorbereitung: die genaue Kenntnis des Gesprächsorts, der Gesprächszeit, der Gesprächspartner und deren Funktion bzw. auch Informationen über das Unternehmen. Der Geschäftsbericht oder die Internetdarstellung des Unternehmens sorgen für vertiefende Informationen, die heute beim Kunden als selbstverständlich vorausgesetzt werden (Frage: „Was wissen Sie eigentlich über uns?").

Bereiten Sie sich zum Gespräch einen Fragenkatalog vor - vor allem die Fragen, die Sie wissen müssen. Sie können sich die Fragen notieren; gegen einen kurzen Blick auf ein Merkblatt wird niemand etwas einzuwenden haben, zeugt es doch von Ihrer gründlichen Vorbereitung.

Die vier Grundregeln

- Pünktlichkeit - erscheinen Sie bitte spätestens fünf Minuten vor Gesprächsbeginn, um sich entsprechend anzumelden und vom Unternehmen einen ersten optischen Eindruck zu gewinnen.

- Erscheinen Sie ordentlich, d.h. nicht im „aufgelösten Zustand" nach einer Hetzjagd über die Autobahn, sondern ausgeruht und konzentriert. „Ordentlich" bedeutet weiterhin auch in angemessener Kleidung und Gesamtoutfit - dies kann in modischen Bereichen etwas gewagter sein, ansonsten ist eine konventionelle Aufmachung für höhere Führungspositionen absolut empfehlenswert. Auch wenn „Ohrstecker" bei Herren zunehmen, so sind diese auch heute noch keine Voraussetzung für höhere Positionen.

- Seien Sie optimistisch - gehen Sie davon aus, dass Sie auf jemanden treffen, der an Ihnen interessiert ist und umgekehrt. Die Gesprächsatmosphäre sollte nicht von „Miesepetrigkeit", sondern von optimistischer Zuversicht getragen sein, schließlich haben Sie ja noch gemeinsame Ziele vor sich und nicht schlechte Erwartungen.

- Identität - stellen Sie sich auf Ihren Gesprächspartner ein, bleiben Sie aber immer der, der Sie sind – schauspielern, vortäuschen, beschönigen kommt spätestens im nächsten Gespräch zutage. Profis bemerken dies recht schnell. Die negative Version ist ein phantastischer Gesprächsbeginn und ein doch klägliches Ende - die umgekehrte Version hinterlässt in der Regel den besseren Eindruck, nämlich einfach, klar, schlicht zu beginnen, um gegen Ende des Gespräches mit beruflichen Höhepunkten aktuell aufzuwarten. Respektieren Sie ihren Gesprächspartner und seine Fragestellungen. Unterlassen Sie Arroganz, mangelnde Anteilnahme oder Überheblichkeit.

Auch wenn Sie im Gespräch merken, dass diese Position oder das Unternehmen für Sie nicht in Frage kommt, sehen Sie das Gespräch als „Übungsfaktor" für weitere Gespräche - geben Sie also bis zum Ende Ihr Bestes!

Der Gesprächsverlauf

Der Gesprächsverlauf ist an vier Punkten festzumachen:

1. Zunächst eine kleine Warming-up-Phase - nach dem Motto: „Wie war die Anreise?" und: „Was wissen Sie von unserem Unternehmen?".

2. Ihr Gegenüber wird Ihnen in aller Regel nun das Unternehmen und die Aufgabenstellung präsentieren. Gehen Sie ruhig in höflicher Form mit präzisen Fragen dazwischen - dies zeigt Ihr spontanes Interesse an dem Dargebotenen.

3. Der nächste Part ist Ihr Teil, in dem Sie sich präsentieren, nicht zu kurz und nicht zu langatmig. Erzählen Sie keine Details aus Ihrem Vorleben als vielmehr Fakten aus Ihrem Berufsleben. Auch dazu wird Ihr Gegenüber Fragen haben, die Sie präzise beantworten sollten. Generell gleitet das Gespräch dann zum Punkt 4 über.

4. Die gemeinsame weitere Vorgehensweise: Gehen Sie davon aus, dass Sie und Ihr Gegenüber Bedenkzeit brauchen, um zu entscheiden, ob ein weiteres Gespräch sinnvoll ist oder nicht. Wenn Sie glauben, ein „besonders gutes Verhältnis" entwickelt zu haben, können Sie durchaus um eine kurze Rückmeldung und Einschätzung bitten - aber drängen Sie Ihr Gegenüber nicht dazu. Erbitten Sie - soweit nicht angeboten - Info-Material - Ihr Interesse ist offensichtlich!

Der Zeitfaktor

Rechnen Sie für ein Vorstellungsgespräch mit bis zu 1,5 Stunden, maximal zwei Stunden. Gehen Sie davon aus, dass Sie in der Regel nicht der einzige Kandidat sind, sondern andere Kandidaten vor oder nach Ihnen versuchen werden, sich ebenso gut zu verkaufen. Versuchen Sie deshalb in diesem Gespräch, Ihre Besonderheiten, vor allem in Bezug auf die Position, herauszuarbeiten, um Ihre Mitbewerber aus dem Feld zu schlagen.

Das Ziel des ersten Gesprächs ist ein gegenseitiges Kennenlernen, ein Austauschen von Fakten, ein Gefühl des „Miteinander-Könnens" zu erlangen und das Entwickeln gemeinsamer Perspektiven. In diesem Gespräch wird Ihnen kein Vertrag angeboten - es werden höchstens Vertragsdetails vorab erfragt. Konkrete Vertragsangebote in dieser Phase sollten Sie ablehnen, dies klingt zu sehr nach einer „Überrumpelungstaktik". Erzeugen Sie keinen Druck mit: „Ich muss mich morgen entscheiden" - warum sind Sie dann heute noch hier?

Hans-Erich Vonderheid
Personal- und Unternehmensberatung
hvonderheid@aol.com

Christian Repplinger, Hirche Personal Career GmbH

- Überlegen Sie, welche Fragen Sie im Vorstellungsgespräch am liebsten nicht hören wollen und trainieren Sie gerade diese mit einem Vertrauten oder Berater.

- Verkaufen Sie nichts, was Sie nicht auf Lager haben. Stehen Sie zu dem, was Sie können und was Sie nicht können. Wenn Sie die/der Richtige sind, haben Sie den optimalen Start. Wenn nicht, wird Ihnen ein kurzfristiger Erfolg wenig Freude bringen.

- Ihr Gegenüber hat einen Bedarf, Sie haben etwas zu bieten, sonst fände dieses Gespräch nicht statt. Seien Sie sich dessen (selbst-)bewusst.

Christian Repplinger
Hirche Personal Career GmbH
C.Repplinger@hirche.de
www.hirche.de

Egmont Amrein und Hans-Erich Vonderheid, Partner bei der EGOR Managementberatung

Die Vorstellungsphase

Sie haben es geschafft: Man freut sich darauf, Sie kennen zu lernen... Mit anderen Worten, Sie sind in der Warteschleife auf die Plätze eins bis zehn vorgerückt. Jetzt ist mehr denn je wieder Vorbereitung angesagt.

- Mit wem spreche ich?

- Was kann ich über die Person herausfinden?

- Welche Gesprächsstrategie lege ich mir zu?

- Worauf wird es in dem Gespräch besonders ankommen?

Hier einige Basisregeln:

- Nehmen Sie alle Originalzeugnisse zu dem Gespräch mit. Weiterhin alle Anschreiben, Briefverkehr, Ihre Informationsnotizen aus der Recherche, Arbeitsproben, Fragen zum Unternehmen.

- Seien Sie pünktlich zehn Minuten vor dem Gesprächstermin an der Rezeption.

- Kleiden Sie sich konservativ.

- Denken Sie daran, dass die ersten zehn Minuten des Gesprächs einen entscheidenden Einfluss auf das Ergebnis haben.

- Seien Sie authentisch - auch der beste Schauspieler verliert irgendwann mal die Maske.

- Falls Sie gefragt werden - antworten Sie direkt auf die Frage und machen Sie keine langweiligen Ausflüge in die Umgebung.

- Versuchen Sie nicht, Austrittsgründe zu schönen - wenn Sie entlassen wurden, dann ist dies ein Fakt und kein Genickbruch. Vermeiden Sie, schlecht über Ihre Vorfirma oder einen frühren Chef zu reden: a) Es ist schlecht nachprüfbar und b) wer sagt Ihnen, dass Ihr Gegenüber nicht genau so ein Typ ist?

- Sie müssen sich in der Regel 45 Minuten unterhalten - haben Sie dies schon mal zu Hause mit der Familie oder Freunden geübt?

- Setzen Sie am Ende des Gesprächs Ihre(n) Gesprächspartner nicht unter Zeitdruck („Ich habe einige andere Sachen laufen und muss mich bis zum ... entscheiden." - „Meine Kündigungsfrist läuft am ... aus."). Leider bestimmt das Unternehmen die Taktzahl und ich habe schon erlebt, dass ein solcher Satz ein ganzes positives Gespräch „vernichtet" hat.

- Stellen Sie nur die vier wichtigsten Fragen und beginnen Sie mit denen zum Unternehmen.

- Führen Sie Gehaltsdiskussionen nur, wenn das Unternehmen damit beginnt.

- Stellen Sie sich auf Fragen ein, die immer wiederkehren z.B.:

    - „Weshalb haben Sie sich gerade bei uns beworben?" oder: „Was ist für Sie das Besondere gerade an dieser Position?" und: „Was wissen Sie über unser Unternehmen?" Aus Erfahrung kann ich sagen, dass an dieser Stelle Gespräche „kippen" können, deshalb: Antworten im Vorfeld aufbereiten und nicht im Gespräch.

    - Das gilt auch für Fragen, wie: „Weshalb wollen Sie wechseln?", „Haben Sie heute Schwierigkeiten, Differenzen mit Ihrem Vorgesetzten?" etc.

- Wichtiger als die Antworten an sich, wenn es Schwierigkeiten gibt - dann gibt es eben welche -, ist die Reaktion. Und die darf keine Nervosität oder Unruhe ausstrahlen.

- Ähnliches gilt auch für die Aufforderung: „Nennen Sie bitte drei persönliche Stärken und Schwächen." Unter dem Aspekt: „Eigenlob stinkt" und Schwächen sind auch nicht positiv, ist dies eine nicht einfache Situation, aber auch hier gilt: keine Nervosität zeigen, keine Unruhe aufkommen lassen, sich ruhig und sachlich beschreiben und vor allem Phrasen wie: „Ich gelte als sehr organisiert" oder: „Ich bin Pünktlichkeitsfanatiker, das bezeichnen manche als Schwäche" weglassen. Gefragt ist eine ruhige, sachliche und positive Selbstdarstellung. Auch diese Antwort kann im Vorfeld des Gesprächs aufbereitet werden.

- Generell gilt: Bereiten Sie sich auf ein Gespräch schriftlich vor, es kommt die Aufforderung: „Welche Fragen haben Sie an uns?" - Reden ist Silber, doch Schweigen ist Gold hilft hier genauso wenig weiter wie der verzweifelte Ansatz: „Sie sagten vorhin ... Könnten Sie dies etwas genauer ausführen?" oder: „Ich bin mir nicht sicher, Sie vorhin richtig verstanden zu haben, können Sie das nochmals erklären?". Peinlich, peinlich. Glücklich, wer einen Block zücken kann und klare, vorbereitete Fragen vor sich hat wie:

  - „In Ihrem Internetauftritt habe ich gesehen, dass ... Können Sie das noch vertiefen?"

  - „Leider habe ich in Ihrer Unternehmensdarstellung keine Auskünfte über die Umsatzentwicklung etc. ersehen können ..."

  - oder stellen Sie Fragen zu Themen wie: Personalentwicklung, Planungsprozesse, Reportingsysteme, aktuelles Wettbewerbsumfeld etc.

Abschlussphase

Und jetzt in die zweite Runde: Mit anderen Worten, das erste Gespräch ist gut gelaufen und man will Sie (und wahrscheinlich noch einen weiteren Kandidaten) abschließend vorstellen.

Fand das erste Gespräch nur mit einem Personaler statt, so trifft man jetzt die eigentlichen Vorgesetzten. Beachten Sie dieselben Regeln wie oben aber auch, dass jetzt schon etwas mehr Selbstbewusstsein gefordert ist. In diesem Gespräch stehen wahrscheinlich die fachlichen Dinge im Vordergrund. Oft werden bei gutem Verlauf auch die Gehaltsdiskussionen geführt und man stellt Sie vielleicht schon einigen anderen Leuten vor. In jedem Fall: Seien Sie flexibel. Dies betrifft Ihre verfügbare Zeit, aber auch die Tatsache, dass Sie Ihren Lebenslauf nochmals und nochmals runterbeten müssen.

Am Ende des zweiten Gesprächs sollten dann schon nächste Schritte mit Zeitangabe und auch Inhalten besprochen werden. Oder Sie sind durchgefallen und erhalten eine Absage...

Bitte beachten Sie, dass die Übersendung eines Anstellungsvertrags ab diesem Zeitpunkt noch durchaus zwei Wochen dauern kann (Betriebsratszustimmung), aber sprechen Sie diese Dinge ruhig bei dem Unternehmen an, z.B.: „Wie sehen die nächsten Schritte aus?"

Der Vertrag kommt angeflattert...

Nun haben Sie den ersten Platz und können pokern. Denkste!!! Gute Recruiter rechnen immer mit Absagen durch Kanndidaten und halten sich mindestens noch eine Person in der Hinterhand. Ebenso Personalberater. Also: Nicht überziehen, aber dennoch locker verhandeln. Achten Sie darauf, dass bei großen Unternehmen Standards herrschen und Sie nicht über die Struktur der Altersversorgung zu diskutieren brauchen. Auch das leidige Thema Firmenwagen sollte man aus einer emotionslosen Brille (Hauptsache, es fährt) betrachten. Ist ein Personalberater dazwischengeschaltet, spannen Sie diesen hier ein und loten Sie über ihn das Machbare aus. Bedenken Sie, dass Sie in diesem Unternehmen vielleicht einige Jahre arbeiten wollen. Deshalb ist am Anfang Zurückhaltung hilfreicher als nassforsches Auftreten.

Ansonsten: Seien Sie stolz, so viele Hürden genommen zu haben und freuen Sie sich auf die neue Aufgabe.

Egmont Amrein und Hans-Erich Vonderheid,
Partner bei der EGOR Managementberatung
www.egor-managementberatung.de

Mechthild Laumen-Schiel und Frank Schiel, SCG SchielConsulting GmbH

Gerade das Thema des Personalmarketing und der Personalauswahl ist in der derzeitigen Wirtschaftslage - bei heiß umkämpften Bewerbermärkten deutlich professionalisiert worden. Die Recruiter und Personalbetreuer haben sich häufig in der Interviewführung stark qualifiziert, denn: Nur wer richtig fragt, erhält die Informationen, die er benötigt, um gute Entscheidungen zu treffen und diese mit den richtigen Argumenten (sprich: sich als Unternehmen beim Bewerber) zu bewerben.

Das gilt im umgekehrten Fall natürlich auch: Das heißt, Sie sind gut beraten, wenn Sie sich im Vorfeld überlegen, was Sie selbst von einem Unternehmen, in dem Sie optimale Leistungen erbringen möchten, erwarten (etwa: Möglichkeiten der persönlichen Entwicklung, Auslandseinsätze, monetäre Anreize, variable Vergütungsmodelle, Betriebsklima, ...).

Was auch immer es sein mag, nutzen Sie früh die Chance auszuloten, inwieweit Ihre Erwartungen erfüllt werden können. Denn Nachverhandeln ist ungleich schwerer. Und: Blumige Andeutungen zählen nicht und haben den netten Nebeneffekt, dass Sie selbst nicht redegewandt, sondern unsicher wirken.

Nutzen Sie Ihre rhetorischen Fähigkeiten besser, um selbst Marketing zu betreiben. Geizen Sie nicht mit Ihren Stärken und - das ist das Entscheidende - machen Sie diese an nachvollziehbaren Beispielen deutlich. Seien Sie auch ehrlich bei Ihren Schwächen (übertreiben sollten Sie natürlich nicht). Denn der gute Interviewer entlarvt auch vermeintlich geschickt getarnte Täuschungsmanöver. Dazu dienen dem Interviewer die so genannten situativen Fragen und der Fragen-Dreischritt.

> **Praxis-Beispiel:**
> **Fragen-Dreischritt**
>
> Zum Beispiel möchte ein Interviewer etwas über Ihr Verhandlungsgeschick erfahren. Also erfragt er eine Situation aus Ihrer Biografie, in der Sie dieses benötigten, und lässt sich Ihr Vorgehen beschreiben (situativ, Schritt 1).
>
> Im zweiten Schritt wird er ein Beispiel Ihrer zukünftigen Praxis konstruieren und Sie dazu Stellung nehmen lassen.
>
> Und drittens wird er Sie zu einem kurzen Rollenspiel auffordern. Spätestens hier zeigt sich, ob die (nehmen wir eine vorgegebene) Schlagfertigkeit wirklich existiert!

Und last, but first in mind: Stehen Sie zu Ihren Fehlern, die Sie in der Vergangenheit gemacht haben, und zeigen Sie auf, wie und was Sie daraus gelernt haben.

Wir wünschen Ihnen professionelle Interviewer und eine gute Vorbereitung, sodass Sie in Ihren Vorstellungsgesprächen eine gute, gemeinsame Entscheidung für die Zukunft treffen können. Viel Erfolg!

Mechthild Laumen-Schiel und Frank Schiel
SCG SchielConsulting GmbH
www.schielconsulting.de

Reiner Neumann, Berater

Es gibt auch Fragen, die stören. Diese Fragen sollen Sie in Verlegenheit bringen oder in die Enge treiben. Wenn Sie sich dort auf das vorgegebene Muster festlegen lassen, gestellte Fragen auch brav zu beantworten, dann geraten Sie in Schwierigkeiten. Es gibt eine Fülle von Alternativen. Sie können in Ihrer Antwort Fragen

- begrenzen oder erweitern: „Diese Frage berührt viele Aspekte. Ich konzentriere mich auf den wichtigsten, nämlich ..." - „Ihre Frage beschreibt einen Teil des Sachverhalts. Wichtig ist ..."

- präzisieren: „Genau formuliert lautet die Frage ..."

- zurückgeben: „Warum stellen Sie diese Frage?" - „Wie definieren Sie den Begriff ‚Teamarbeit'"?
- überhöhen: „Hinter dem Thema Ihrer Frage steckt ein noch wichtigerer Sachverhalt. Dieser bedeutet ..."
- ignorieren: Sprechen Sie weiter, gehen Sie nicht auf die Frage ein - auch nicht mit einem Kommentar.
- bewerten: „Ihre Frage ist theoretisch. In der Praxis ist für die erfolgreiche Arbeit relevant, dass ..."

Diese Fragen können Sie dann in der Form beantworten, die zu Ihrer Gesprächsführung und Ihrem Stil im Gespräch passt."

Reiner Neumann, Rn2408@aol.com

Joachim Stein, Search & Selection GmbH

- Entfernen Sie Piercings.
- Lassen Sie den anderen kommen
- Tragen Sie saubere Schuhe mit geraden Absätzen – einer meiner Kunden lässt Kandidaten wegen unordentlicher Schuhe durchfallen.
- Treffen Sie klare Absprachen über das weitere Vorgehen.
- Lassen Sie Schweigen zu, dann kommt meistens etwas Wichtiges.
- Bohren Sie nach, jede Antwort ermöglicht eine weitere Frage.

Joachim Stein
Search & Selection GmbH
JST@STEIN-SEARCH-SELECTION.de
www.STEIN-SEARCH-SELECTION.de

Checklisten Online - Praktisch und bequem

Auf der Internetseite www.bewerberservice.de finden Sie alle im Buch verwendeten Checklisten. Diese können Sie sich bequem ausdrucken und ausfüllen. So denken Sie an alle wichtigen Details wie Kleidung, Körpersprache, Aussagen zu Ihrer Person, Fragen an Ihren potentiellen Arbeitgeber etc.

Geben Sie dazu einfach den folgenden Link in Ihrem Browser ein:

http://www.bewerberservice.de/Dateiliste_DV.html

Dabei finden Sie folgende Dateien:

1. **Checklisten Informationen und Daten; Stärken und Schwächen; Fähigkeiten, Kompetenzen und Einschätzung; Anforderungen**
   - Informationen
   - To-Dos zur Gesprächsvorbereitung
   - Personenbezogene und Werdegangsdaten
   - Unternehmensdaten
   - Führungs- und Unternehmenskultur
   - Wo liegen meine Stärken?
   - Wie bewerte ich meine Stärken?
   - Wo liegen meine Schwächen?
   - Wie bewerte ich meine Schwächen?
   - Unterschiede Selbst-/Fremdeinschätzung
   - "Selbsteinschätzung" mit Auswertung
   - Kompetenzen und Nutzen
   - Was waren Ergebnisse meines Handelns?
   - Unternehmensbedürfnisse und Nutzenangebot
   - Positionsanforderungen

- Positionsbezogenes Anforderungsprofil
- Vergleich Kompetenz- und Anforderungsprofil

2. Checklisten Vorbereitung
- Zeit- und Streckenplanung
- Was ziehe ich an?
- Kleiderguide für Männer
- Kleiderguide für Frauen
- Selbstkontrolle Kleidung
- Unterlagen für das Gespräch

3. Checklisten Fragen im Gespräch
- Meine Erwartungen und Wünsche
- Meine persönliche Situation
- Was ist mir hinsichtlich des Unternehmens wichtig?

4. Checklisten Struktur eines Vorstellungsgesprächs
- Wichtiges für die Selbstvorstellung
- Informationen über das Unternehmen
- Erwartung und Positionsangebot
- Vertragsgestaltung

5. Checkliste Meinungsbildung

6. Checklisten Kommunikationsverhalten
- Wie sehe ich mein Kommunikationsverhalten?
- Wann soll ich eine Pause machen?
- Wie verhalte ich mich vorteilhaft?
- So werten Sie Ihre aufgezeichneten Gespräche aus

7. Checklisten Nachbereitung

- Gesprächsauswertung als Vorbereitung auf das nächste Gespräch
- Gesprächsauswertung für Folgegespräche
- Fragen zur Entscheidungsfindung
- Erwartungsskala
- Faktoren der Arbeitsplatzbewertung

Übungsfragen

Die Autoren

Uta Rohrschneider

ist Geschäftsführerin der grow.up Managementberatung GmbH, Gummersbach. Auf Grundlage ihrer langjährigen Erfahrung als Leiterin der Personal- und Führungskräfteentwicklung eines mittelständischen Unternehmens berät sie seit 1997 Kunden in Fragen des Human Ressource Management und der Konzeption, Implementierung und Umsetzung von Personalentwicklungsprozessen sowie der Management-Diagnostik. In der Qualifizierung von Mitarbeitern und Führungskräften liegen ihre Schwerpunkte in den Bereichen Führung, Team- und Persönlichkeitsentwicklung sowie Kommunikation. Als Coach unterstützt Uta Rohrschneider Führungskräfte bei der Übernahme herausfordernder Aufgaben sowie in beruflichen und persönlichen Veränderungsprozessen. Uta Rohrschneider ist zudem Reiss-Profile-Instructor und leitet regelmäßig Ausbildungsseminare zum Reiss-Profile-Master.

Michael Lorenz

ist Geschäftsführer der grow.up. Managementberatung GmbH und berät nationale und internationale Kunden seit 1988 in allen Fragen der HR-Strategie, der Personalentwicklung und der Management-Diagnostik. Schwerpunkte seiner Arbeit liegen in der Prozessbegleitung und Moderation bei strategischen Neuausrichtungen und Umstrukturierungen von Unternehmen. In individuellen Coachings begleitet Michael Lorenz Manager bei persönlichen Veränderungs- und Entwicklungsprozessen in Führungs- und Positionierungsfragen. Er ist zudem Lehrbeauftragter der Steinbeis Hochschule Berlin für den Studiengang der Medien-MBA und Finanz-MBA. Zuvor war Michael Lorenz als Geschäftsführer der Kienbaum Management Consultants GmbH tätig.

www.ingramcontent.com/pod-product-compliance
Lightning Source LLC
Chambersburg PA
CBHW051643170526
45167CB00001B/315